Rudolf Bind / Dr. med. Tilman Feuchtinger

Was Babys wirklich brauchen

Praktische Tipps für die ersten Lebensmonate

W0189625

aethera®

die heilenden Kräfte im Menschen stärken,
die Bildung des eigenständigen Urteils unterstützen,
die Initiativbereitschaft von Patienten und Verbrauchern fördern.

An der Herausgabe des aethera-Programmes wirken mit:
der Verein für Anthroposophisches Heilwesen,
die Heilmittelfirma Weleda, die Gesellschaft Anthroposophischer Ärzte
und die Medizinische Sektion am Goetheanum, Dornach, Schweiz.

Über dieses Buch: Dieser Ratgeber gibt Müttern und Vätern eine erste praktische und geistige Orientierung für den Umgang mit ihrem Neugeborenen.
Vieles können sie von ihrem Kind selber lernen. Das Buch soll ihnen Mut
und Vertrauen in ihre eigene Wahrnehmungskraft geben und sie in ihrer
großen Verantwortung für ihr Kind unterstützen.

Die Autoren: Rudolf Bind ist Schriftsteller und Lehrer, als Vater von drei
Kindern lebt er in Dornach (Schweiz).
Dr. med. Tilman Feuchtinger ist Kinderarzt mit einer eigenen Praxis in Salem
am Bodensee (Deutschland), seine fünf Kinder sind bereits erwachsen.

Rudolf Bind / Dr. med. Tilman Feuchtinger

Was Babys
wirklich brauchen

Praktische Tipps für die ersten Lebensmonate

aethera

Inhalt

In welchem Lebensabschnitt vollbringt der Mensch eigentlich an sich selber die für das Dasein wichtigsten Taten? Wann handelt er am allerweisesten an sich selber? Das tut er ungefähr von der Geburt an bis zu dem Zeitpunkte, bis zu dem er sich noch zurückerinnern kann, wenn er im späteren Leben zurückblickt auf die verflossenen Jahre seines Erdendaseins.

Rudolf Steiner

Das erste Lebensjahr prägt das ganze Leben

Der Lebensbogen des ersten Kinderjahres ist voller Wunder für die Eltern. Bis zur ersten Geburtstagsfeier wird das Kind einen mächtigen Entwicklungsschritt machen: Das anfänglich hilflos im Bettchen liegende kleine Wesen wird zum Ende seines ersten Lebensjahres seine aufrechte Haltung finden, stehen und selbstständig gehen lernen. Es wird einiges verstehen, was zu ihm gesagt wird, und es beginnt bereits selber zu sprechen. Seine weitere Entwicklung, sein Selbstbewusstsein und sein Vertrauen in die Welt werden grundsätzlich darauf bauen, wie es sein erstes Jahr auf dieser Erde erlebt hat und seinen Leib ausbilden konnte. Im ersten Jahr bildet sich das Fundament seiner Beziehungen.

*Die ersten
Erfahrungen sind
prägend für das
ganze Leben*
Die ersten Minuten, Stunden, Tage, Wochen und Monate beeinflussen maßgeblich das körperliche Wachstum, die seelische Entfaltung und geistige Entwicklung des werdenden Menschen. In keiner Zeit seines Lebens ist die Entwicklung so gewaltig und rasch wie am Lebensbeginn. Seine allerersten Erfahrungen wirken tiefer als das meiste, was er später erfährt. Alles, was im ersten Lebensjahr gelernt wird, ist fundamental prägend für das übrige Leben. Das Kind lernt in kurzer Zeit unendlich viel. Doch auch seine nächsten Begleiter haben im Umgang mit dem Kind immer wieder die einmalige Chance, selber unendlich viel dazu zu lernen. An seinem Lebensbeginn ist der Mensch zwar ganz auf die Hilfe der Familie und der Gesellschaft angewiesen. Doch auch der erwachsene Mensch wird im Rahmen seiner familiären und gesellschaftlichen Beziehungen immer wieder auf das Kind und das kindliche Lernen eingehen, wenn die Entwicklung nicht stehen bleiben soll. Wer sich darauf einlässt, kommt mit den kleinen Kindern zusammen aus dem Staunen nicht mehr heraus.

Licht und Freude
Frühkindliche Erinnerung von Maria Waser

Als ich vom Tagschlaf erwachte, sah ich im offenen Fenster zwei junge Mägde, die vom Garten her zu mir hereinschauten. Sie standen Arm in Arm. Die eine, schmächtigere, hatte einen glatten dunkeln Scheitel, die andere, fülligere, ein flirriges Kraushaar rund ums Gesicht, und beide nickten und lachten, und alles war voller Sonne. Die machte das Blattwerk oben im Fenster funkelgrün und das Flimmerhaar ganz goldig. So ist das Bild bis heute in mir stehen geblieben.

Ich muss damals noch sehr klein gewesen sein; denn ich lag im ersten Bettchen, das zwar keine Wiege war, aber mit seinen Gitterchen, hellblauen Polstern und großem weißem Vorhang eine solche ersetzte. Und es stand noch im Schlafzimmer der Eltern, was nur in der ersten Zeit der Fall war, und als ich später meiner Mutter den Vorgang erzählte, erkannte sie aus meiner Beschreibung gleich die beiden Mädchen und stellte fest, dass das eine, das dunkle Änneli aus dem Oberland, uns schon in meinem zweiten Lebensjahr verließ.

Warum aber diese an sich unwichtige Begebenheit sich mir unverlierbar einprägte, verrät das Gefühl einer übermächtigen, alle Glieder durchjagenden Freude und eigentlichen Seligkeit, das die Erinnerung für alle Zeiten mit diesem Bild verbindet. Die Häufung von so holden Dingen wie Sonne, lachende Gesichter, goldiges Haar, die mich bei plötzlichem Aufwachen aus stärkendem Schlaf überfielen, muss eine Erschütterung hervorgerufen haben, die mich fähig machte zu einem der wichtigsten Erlebnisse meines Daseins; denn sollte ich das, was mir damals geschah, in Worte fassen, dann müsste ich sagen: Es ward Licht. Dass aber der Einbruch des Lichtes zusammentraf mit dem Aufbruch der Freude, das wurde zu einem Fingerzeig für mein ganzes Leben; denn ob ich auch nach diesem seltsam vorgreifenden Erlebnis wieder der dumpferen Verfassung verfiel und obgleich in der Erinnerung meiner ersten Lebenszeit die dunkeln Stuben den Vorrang haben, für die Geschichte meines bewussten Daseins gilt doch der Satz: Am Anfang war das Licht, und das Licht war Freude. Und für mein ganzes Leben blieben sie untrennbar beisammen: Licht, Freude, Erwachen; denn immer hieß wahre Freude das Erwachen zu einem helleren Zustand. Und wenn man ein Leben von dieser Seite her betrachtet, gleicht es nicht einer Blume, die den Becher ihres Kelches dem steigenden Lichte mit wachsender Weitung immer verlangender entgegenbreitet? Jede wahre Freude macht uns weiter und freudenfähiger, und doch, von den unendlichen Freuden, die in den Becher meines Daseins fielen, hat keine mich mächtiger durchschüttert und nachhaltiger gesegnet als dieses erste Erwachen zur Sonne, zur Sonne des Himmels wie des menschlichen Antlitzes.

Aus: Maria Waser, Sinnbild des Lebens, Frauenfeld 1958

stimmt es, dass wir uns in
der sekunde unseres sterbens an
alles erinnern, genauso
wie wir im moment der geburt
alles vorhergesehen haben?

Anselm Glück

Geburt

Die irdische Laufbahn beginnt mit dem Wunder der Geburt. Die Frau hat sich selber entschieden, wo und mit wem sie gebären will. Das kann in einer Klinik oder in einer Gebärstation sein, wo Mutter und Kind einige Tage zur Erholung bleiben oder im Fall einer ambulanten Geburt bereits nach einigen Stunden mit dem Vater heimkehren. Die Geburt kann auch in einem von Hebammen geführten Geburtshaus stattfinden. Bei einer Hausgeburt sind üblicherweise eine Hebamme und ein Arzt dabei, die bereits die Schwangerschaft begleitet haben. Die Mutter wird sich entscheiden, ob sie lieber sitzend, liegend oder im Wasser gebären will. In jedem Fall kommt das Kind mit einem großen, mehrstündigen Kraftakt der Mutter auf die Welt und wird von einem ersten kleinen Kreis von Menschen, der Hebamme, der Ärztin und dem Vater, freudig aufgenommen.

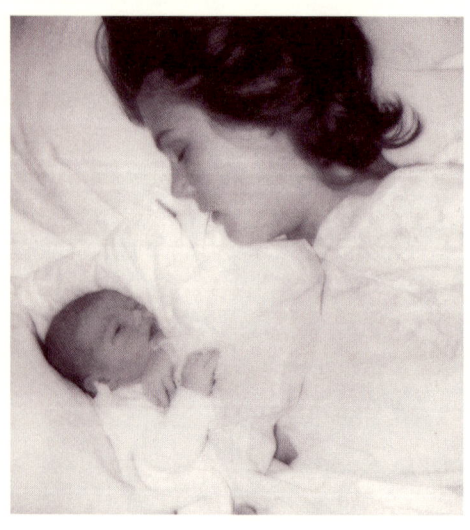

Mit der Geburt übernehmen die Eltern die Verantwortung für das neue Leben. Man ist aber nicht allein in dieser Situation. Helferinnen und Helfer sind von Anfang an da. Und sie sind nötig, denn das Leben des Kindes beginnt in einer äußersten Notsituation der Mutter, die erschöpft und verwundet ihr Kind gebärt.

Aus seiner Geburtssituation erhält es seine allerersten Eindrücke von dieser Welt. Es liegt zu einem großen Teil an der Mutter, wie und wo sie ihr Kind empfangen und zum ersten Mal begrüßen möchte. Den genauen Zeitpunkt seiner Geburt bestimmt das Kind bereits mit. Wer darum weiß, versucht so weit wie möglich und verantwortbar, diesen Zeitpunkt weder aus organisatorischen noch aus personellen Gründen durch Verzögerung oder Beschleunigung zu beeinflussen.

Wenn Sie mehr über Schwangerschaft und Geburt wissen wollen

Christa van Leeuwen / Bartholomeus Maris:
Schwangerschaftssprechstunde – Medizinische, seelische und geistige Aspekte von Schwangerschaft und Geburt.
Verlag Urachhaus, Stuttgart 1995.

Michaela Glöckler / Wolfgang Goebel:
Kindersprechstunde – Ein medizinisch-pädagogischer Ratgeber. Erkrankungen – Bedingungen gesunder Entwicklung – Erziehung als Therapie.
Verlag Urachhaus, Stuttgart [13]1998.

Die ersten Wochen für die Mutter

Mit seiner Geburt hat das Kind die weiche, warme, dunkle Geborgenheit im Mutterleib verlassen. Dort hatte es alles, was es brauchte. Neu geboren braucht es alles von außen, damit es weiterleben und sich gesund entwickeln kann. Von der Hebamme lernt die Mutter im Wochenbett zunächst alles Nötige für die Pflege und Ernährung des Kindes. Und die Mutter muss auch von ihrer Umgebung Hilfe annehmen zu ihrem eigenen Wohl. Nach der Geburt verändert sich nicht nur der erschöpfte Körper, sondern der ganze Mensch. In dieser Zeit der Hormonumstellung, der raschen Gefühlsschwankungen zwischen Freude, Dankbarkeit, Gereiztheit, Sorge und Depression stellt sich die Brust aufs Stillen um.

Ein neues Leben beginnt – auch für die Mutter

Bald nach der Geburt kann die Mutter mit der Rückbildungsgymnastik beginnen, um die Polster abzubauen und die schlaffe Muskulatur zu trainieren.

Familienkonstellation

Mit der Geburt ist das Kind auf die Welt gekommen und in eine bestimmte Familienkonstellation hineingeboren worden. Dadurch verändern sich nachhaltig das Leben der Mutter, die Situation der Paarbeziehung oder der Familie, in der vielleicht bereits ein Kind herangewachsen ist.

Das Kind verändert das Familienleben

Das erste Kind verändert das ganze Leben der Mutter und des Vaters. Der Alltag, der Tageslauf, die Lebensgewohnheiten, die Wohnung, die Organisation von Freizeit und Freiraum bekommen ein neues Zentrum.

Hilfen und Ratschläge für Alleinerziehende

Zweifellos ist es gut für das Kind, wenn es in den ersten Lebensmonaten seine Mutter immer in der Nähe hat. Leider ist die volle Präsenz für viele Eltern heute ein Luxus, den sie sich oft nicht lange leisten können. Die Mutterschaftsschutz-Regelung in Mitteleuropa misst der Mutter-Kind-Beziehung so weit Bedeutung zu, dass die Mutter wenigstens in den ersten Wochen nach der Geburt staatlich unterstützt wird, um ganz für das Neugeborene da zu sein. Wenn das Kind ab dem zweiten Monat anfängt, Gesichter zu unterscheiden und das reaktive Lächeln zeigt, wird es wichtig, dass eine gleichbleibende Bezugsperson für es da ist und in einer gleichen Umgebung seine Bindungs- und Orientierungsfähigkeit, individuelle, emotionale und soziale Entwicklung unterstützt werden. Ihr Kind sollte möglichst mit einem weiblichen und mit einem männlichen Menschen aufwachsen können. Suchen Sie in Ihrer Umgebung, wer unter den Großmüttern, Großvätern, Onkeln und Tanten, Paten, Freunden, Tagesmüttern, in der WG oder einer Pflegefamilie das fehlende Element zeitweilig übernehmen könnte. Wenn Sie gar niemanden finden, versuchen Sie, es durch sich selber zu ergänzen. Erkundigen Sie sich am Ort beispielsweise bei der Mütterberatungsstelle nach Tagesmüttern, Krippen-, Hortplätzen oder Krabbelgruppen.

Klären Sie möglichst vor der Geburt ab, wer für den partnerschaftlichen und wirtschaftlichen Ausgleich sorgen kann.

Bleiben Sie möglichst nicht allein. Das ist weder für Sie noch für das Kind gut. Die Beziehung Mutter – Kind darf auch nicht zu eng bleiben. Das würde für beide bald zu einer unaushaltbaren Belastung. Vereinsamung, Gekränktheiten und ein schlechtes Gewissen sind schlechte Ratgeber. Pflegen Sie das Gespräch mit anderen Eltern, mit Verwandten und Freunden. Gerade Mütter können sich untereinander außerordentlich viel geben und aushelfen, sich praktisch und seelisch beraten.

Alleinerziehende

Immer häufiger wachsen Kinder mit einem Elternteil allein auf. Trennung, schwere Krankheit oder Tod des Partners sind mögliche Ursachen. Diese Situation ist vor allem für die allein erziehende Mutter oder für den allein erziehenden Vater eine besondere Herausforderung. Denn eigentlich geht das gar nicht, dass man einer Erwerbsarbeit außer Haus nachgeht, um das für die Existenz nötige Geld zu verdienen, und gleichzeitig rund um die Uhr ein neugeborenes Kind betreut.

Der Druck der ganzen Verantwortung für das Gedeihen des Kindes und der materiellen Versorgung für die Familie muss nicht auf einer Person allein lasten und kann mindestens in den ersten Lebensmonaten des Kindes ein wenig aufgeteilt werden. Je nach Wohngebiet und Staatszugehörigkeit haben Alleinerziehende unterschiedliche Rechte auf finanzielle Unterstützung und Anspruch auf Mutterschutz und Erziehungsurlaub. Diese Unterstützungen allein reichen aber nicht zum Leben.

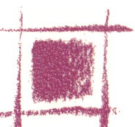

Wenn Sie mehr über die Rechte und Unterstützungsmöglichkeiten für Alleinstehende wissen möchten

Ulrich Diekmeyer: Das Elternbuch 1 – Unser Kind im 1. Lebensjahr. rororo Sachbuch 19120, Rowohlt Verlag, Reinbek 1999.

Pro Familia, Stresemannallee 3, 60596 Frankfurt, Tel. 069 639 002. Mit Homepage im Internet, mit Beratungsstellen in der ganzen Bundesrepublik.

Pro Juventute, Zentralsekretariat, Seehofstrasse 15, CH-8022 Zürich. Tel. 01 251 72 44.

Ratschläge und Hilfen im Umgang mit Geschwistern

Immer ist es das Neugeborene, das die meiste Aufmerksamkeit auf sich zieht. Achten Sie in dieser Situation besonders darauf, dass das ältere Geschwister nicht vernachlässigt wird. Schnell entstehen Verletzungen, Enttäuschungen, Trauer, Neid, Eifersucht. Ausdrückliche Privilegien sind jetzt für das ältere Kind angebracht.

Auch die Besucher des Neugeborenen müssen darauf achten können, dass natürlich auch das ältere Kind besonders begrüßt und nicht abseits stehen gelassen wird. Das ältere Kind lässt sich leicht auf seine Fähigkeiten als größeres Kind ansprechen und dafür loben.

Die besondere Aufmerksamkeit beginnt schon mit der Schwangerschaft, indem das bereits vorhandene Kind natürlich in die Erwartung miteinbezogen wird. Eine Hausgeburt oder ambulante Geburt ist ideal für das ältere Geschwister. Selbstverständlich darf es das jüngere Geschwister halten, streicheln und sich zu ihm legen. Aber es ist noch nicht an der Zeit, dass es den Säugling herumträgt. Die Unfall- und Sturzgefahren sind zu groß.

Die Bedeutung der Großmutter
Kindheits-Erinnerung von Carl Spitteler

Man kann heißer und leidenschaftlicher, aber nicht inniger und seliger lieben, als ich in meinem ersten Lebensjahre meine Großmutter liebte. Eine ruhige, stetige Liebe ohne Trübung, glücklachend, herzjauchzend, mit selbstverständlicher Gewissheit der Gegenliebe, eine Liebe, frei von Wünschen und Seufzern, von Werbung, Versteckspiel und Verschweigen. Lauter Gewinn: Trost, Labsal und Erquickung.

War die Großmutter leiblich zugegen, so liebkoste ich sie. Doch nicht etwa mit Küssen – pfui! was haben nur die Großen ewig mit ihrem dummen Küssen! –, sondern mit zärtlichen Händen das traute Gesicht betastet, einerlei wohin, auf den Mund, auf Stirn und Augen, auf die unvergleichlichen runzligen Backen. Es kam vor, dass sie mürrisch dreinschauen, schmälen, schelten wollte. Warum nicht gar! Strenge aus diesem Munde? Das nahm ich gar nicht ernst, das lachte ich einfach weg […].

Es war eine treue Liebe; zehn Jahre hat sie ungemindert vorgehalten, allmählich durch Hinzukunft der Sehnsucht sich sogar noch steigernd, und als sie später nachließ, lag die Ursache nicht an mir. Die größte Bedeutung aber hatte sie für mich am Lebensanfang. Denn in meinem ersten Jahre bedeutete mir die Großmutter mein Glück, meine Poesie, mein verklärtes Ich.

Wenn ich gegen Ende meines ersten Lebensjahres, also etwa nach meinem erstmaligen Ausflug nach dem Steinenbrücklein auf dem Arm der Großmutter, gestorben wäre, so würde ich dort, von wo ich herkam, während man in Liestal ein kleines Kind mehr begrub, den Mund zum Erzählen weit aufgemacht und nach einem langen tiefen Atemzug Unerschöpfliches davon zu berichten gewusst haben, was ich alles auf der Erde Erstaunliches gesehen und erlebt. Und hätte man mich dann geheißen, den Inhalt meiner irdischen Erlebnisse zusammenzufassen, so würde ich gesagt haben: «Viel Gras und Liebe.»

Ich zweifle, ob ich in meinem ganzen späteren Leben wesentlich Neues dazu erlebt habe.

Wenn mich aber jemand fragte: «Wann in deinem Leben warst du am meisten Ich? welches deiner Ich in den verschiedenen Lebensstufen geht dich am nächsten an? welches davon würdest du bekennen, falls du wählen müsstest?» – so würde ich antworten: «Das meiner frühesten Kindheit.»

Aus: Carl Spitteler, Meine frühesten Erlebnisse, Zürich 1945.

«Was ist das?» ... So
würde ich das Unaus-
sprechliche meines be-
ginnenden Kinderlebens
im Wort verdichten: – den
Schmerz des In-den-Organen-
Sitzens; diese Empfindungen waren entsetzlich; und – gegenstandslos;
nichtsdestoweniger – uralt: seit Urzeiten vertraut: – es gab keine Trennung in «Ich» und «Nicht-
Ich»; es gab keinen Raum, keine Zeit ...

Andrej Bely: Kotik Letajew

Zuwendung, Pflege, Ernährung

Neun Monate wurde ein Kind erwartet. Jetzt ist es da. Nichts wissen wir von ihm, deshalb darf unser Interesse unendlich groß werden: Ist es ein Mädchen oder ein Junge? Ist es gesund? Wie darf ich es anfassen und mit ihm umgehen? Wer ist es? Was will es werden? Den Namen haben wir ihm schon gegeben. Doch der hilflose Säugling braucht alles von uns, zuerst unsere Zuwendung, Nahrung und Pflege. Wenn es das erste Kind ist, fragen sich Mutter und Vater täglich mehrmals: Was will es jetzt? Wie mache ich es richtig?

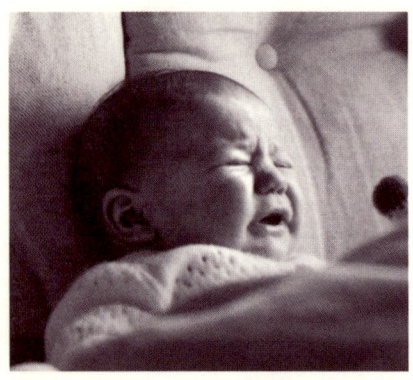

Die liebevolle Zuwendung bringt Antworten und Lösungen

Das erste Lebensjahr bedeutet für Mutter und Vater ein Jahr der ununterbrochenen Aufmerksamkeit für das Kind. Heranwachsend wächst auch das gegenseitige Verständnis füreinander und die wechselseitige Beziehung. Es ist für alle Beteiligten eine sehr intensive Zeit. Es versteht sich von selbst, dass der Säugling nie allein gelassen werden kann. Tag und Nacht ist immer jemand in seiner Nähe. Mit ihm brechen ganz neue Herausforderungen in die alten Lebensgewohnheiten und ins bisherige Leben des Liebespaares ein. Es beginnt – auch für eventuelle Geschwister – eine Zeit, die Geduld, Rücksichtsnahme und Bereitschaft für ganz neue Erfahrungen erfordert.

Der Säugling ist ganz Leib und Sinnesorgan

Die Umgebung des Kindes prägt sein Lebensgefühl

Das Neugeborene bildet in seinem ersten Lebensjahr mehr als zu irgend einer späteren Zeit eine Einheit mit der Mutter und seiner Umgebung. Das kleine Kind erlebt sich noch nicht von der übrigen Welt getrennt. Der Leib des Kindes ist überall offenes Sinnesorgan. Alles, was in seiner Umgebung geschieht, Nervosität, Hektik, Ängste und Sorgen, Freundliches wie Verletzendes, Liebevolles wie Missmutiges und Griesgrämiges, prägt sein Lebensgefühl und beeinflusst sein leibliches Befinden. Kälte und Wärme, Berührungen, Geruch, Geschmack, was die Mutter isst, trinkt, fühlt, sagt wirken direkt und elementar auf das Kind. Dem Zigarettenrauch, dem eingeschalteten Fernseher, den Abgasen, dem Verkehrslärm, den Stimmen und Stimmungen in seiner Umgebung ist es schutzlos ausgesetzt, gerade weil es solche Wahrnehmungen noch nicht bewusst verarbeiten kann. Erst durch die Augen des kleinen Kin-

Medien und die Gefahr der Reizüberflutung

Die Bilder und Töne aus dem Fernseher, die Musik, Geräusche und Sprecher aus dem Radio und jede Musik von irgendwelchen Tonträgern sind nur künstliche Ersatzprodukte. Sie vermögen dem kleinen Kind nichts zu ersetzen, was es wirklich für sein Wohlbefinden und seine Entwicklung braucht: die konkrete, abwechslungsreiche Sinneserfahrung mit Bezug zum Menschen.

Viele Erwachsene haben sich heute problemlos an eine Umgebung aus lauter Medien und lärmenden, technischen Apparaten gewöhnt. Frauen allein mit ihrem Kind zu Hause verschaffen sich leicht und billig damit Abwechslung im Alltag des Haushalts. Oft sind Radio, Fernseher und Internet die gängigen Möglichkeiten, um am üblichen Unterhaltungs- und Informationsstrom teilnehmen zu können. Vergessen Sie dabei nur nicht: Ihr kleines Kind hat nichts davon. Eine sinnlose Reizüberflutung schadet seinem körperlichen und seelischen Wohlbefinden und stört es bis in seinen Schlaf.

des sehen und empfinden wir wieder die Fülle der unterschiedlichsten Einflüsse und täglichen Gefährdungen.

Von früh auf nimmt es aber auch die kleinen täglichen Wohltaten in seiner nächsten Umgebung wahr: das Plaudern und Schmusen beim Wickeln, das Singen vor dem Eindösen, das lächelnde Gesicht beim Aufwachen, die Körperwärme beim Stillen. Ein bedeutender Teil seiner Sinneswahrnehmungen spielt sich auf seiner Haut ab. Für sein Wohlbefinden und seine Entwicklung sind an erster Stelle wichtig: Wärme, körperliche Nähe, zärtliches Berühren, Streicheln, geduldiges, sicheres Halten und Tragen, die innere Verfassung und die Stimmungen der Mutter.

Hautrötungen, Schorf, Ekzem, Pilz

Die Pflege des Säuglings spielt sich auf seiner Haut ab, den Hautfalten hinter den Ohren, unter den Armen, am Hals und in den Leisten. Die tägliche Reinigung gilt in erster Linie dem Windelbereich, wo Urin und Stuhlgang die Haut übermäßig reizen können. Wasser und eine milde Babyseife ohne Zusätze genügen bei dieser Reinigung. Besonders wohl tuend ist gerade für zappelige Kinder eine Ganzkörpereinreibung mit einem Babyöl, beispielsweise Lavendel.

Behandlung mit Olivenöl

Viele Neugeborene entwickeln auf dem Kopf eine dicke Schuppenschicht, der Schorf oder Grind. Sie wird von selbst abfallen. Nur wenn sie stark juckt oder sich entzündet, bedarf sie der Behandlung, indem sie mit Olivenöl eingerieben und vorsichtig durch eine Babybürste entfernt wird. Kinder mit starker Schorf-Entwicklung sehen oft pausbackig und gesund aus, haben aber oft raue, gerötete Wangen, die sehr empfindlich auf Nässe und Kälte reagieren und gut eingefettet werden sollen.

Oft treten im ersten Lebensjahr mehr oder weniger ausgeprägt gelb-weißliche, z.T. ranzig riechende, nicht juckende, schuppende,

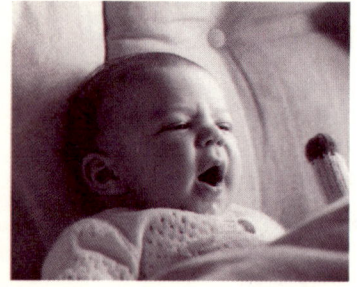

fleckförmige bis großflächige Hautrötungen hinter den Ohrmuscheln, in Halsfalten, Achseln und Leisten hinzu. Manchmal sind diese Hautrötungen krustig und nässend und verschlechtern sich besonders bei Kälte, Nässe und Schwitzen. Die Ursache dieser Hautveränderungen ist nicht bekannt. Oft tauchen sie bereits im ersten Monat auf, bessern sich zum 9. bis 15. Lebensmonat und hinterlassen die Neigung zur Haarschuppenbildung.

Hilfen und Ratschläge bei Hautproblemen

Hilfreich ist nicht zu warme Kleidung und einmal in 7 – 14 Tagen baden; gegebenenfalls mit Zusatz von einem Badeöl; die trockene Haut mit Salben und Cremes behandeln, besonders intensiv die rauen, roten Wangen in der kalten, feuchten Jahreszeit, zur Vermeidung von «Frostbeulen»; Einreiben der Krusten oder des «Kopfgneises» mit Olivenöl oder Calendula-Kinderöl, dann vorsichtig ausbürsten oder auswaschen.

Nahrungsmittel sind seltener als weithin vermutet Ursache für den Schorf (oder «Milchschorf»). Aufmerksames Beobachten der Wirkung von Nahrungsmitteln bei der stillenden Mutter oder später beim Kind selbst können innerhalb von Stunden (Frühreaktion) bis drei Tage (Spätreaktion) nach dem Essen darüber Aufschluss geben.

Die Abgrenzung zu einer echten Allergie, zum Ekzem, einer Pilzerkrankung oder einer tiefer liegenden Erkrankung des Immunsystems (mit Jucken, eitriger Infektion, Gedeihstörungen) ist oft nicht einfach und sollte vom Arzt vorgenommen werden. Durch richtige Pflege und bei Bedarf mit anthroposophischen Heilmitteln sind die meisten Probleme bei den «Schorfkindern» zu bewältigen. Cortisonhaltige Salben sind nur sehr selten notwendig.

Windeln – Ein- und auswickeln, liebkosen und plaudern

Weit über das erste Lebensjahr hinaus muss das Kind gewickelt werden, am Anfang mindestens sechsmal täglich. Zum Wickeln darf man sich Zeit nehmen. Denn befreit von den Windeln kann es endlich strampeln. Und am Schmusen, Anfassen, an Berührungsspielen mit kleinen Versen, Versteckspielen und am Necken hat der Säugling große Freude. In dieser Zeit kann die lauwarm gewaschene Haut abtrocknen und auslüften.

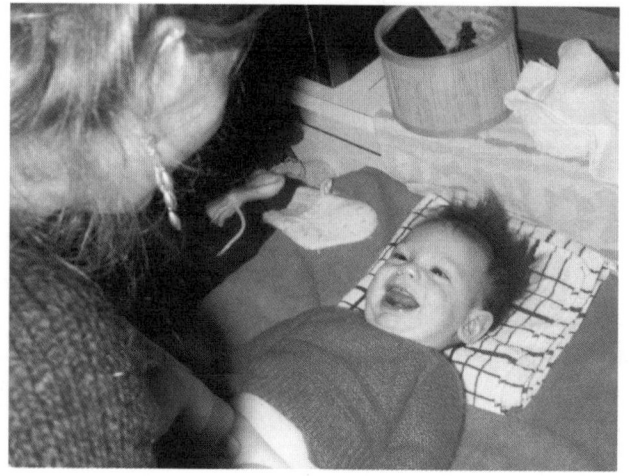

Dem wunden Po hilft eine schonende Heilsalbe (beispielsweise Adeps Lanae/Silicea® comp.) oder ein Öl (Calendula, beispielsweise von Weleda). In hartnäckigeren Fällen kann eine Zinkoxidsalbe dünn eingecremt werden. Säuglinge mit angegriffener Haut müssen auf jeden Fall sehr häufig gewickelt werden, damit sie möglichst trocken liegen und eine feucht-warme Nische vermieden wird. Das Innere von Nase, Ohren und Geschlechtsteilen reinigt sich auf natürliche Weise von selbst. Die Gefahr der Verletzung ist jetzt zu groß. Nur dort, wo Absonderungen bereits äußerlich sichtbar sind, können sie vorsichtig entfernt werden.

Da die Gefahr des Hinunterstürzens gerade auf dem Wickeltisch sehr groß ist, darf das Kind nie allein daliegen. Das gilt ganz besonders nach dem vierten Monat, wenn es anfängt, sich zu drehen.

Es gibt grundsätzlich zwei Wickelmethoden: die wegwerfbaren

Wickelmethoden

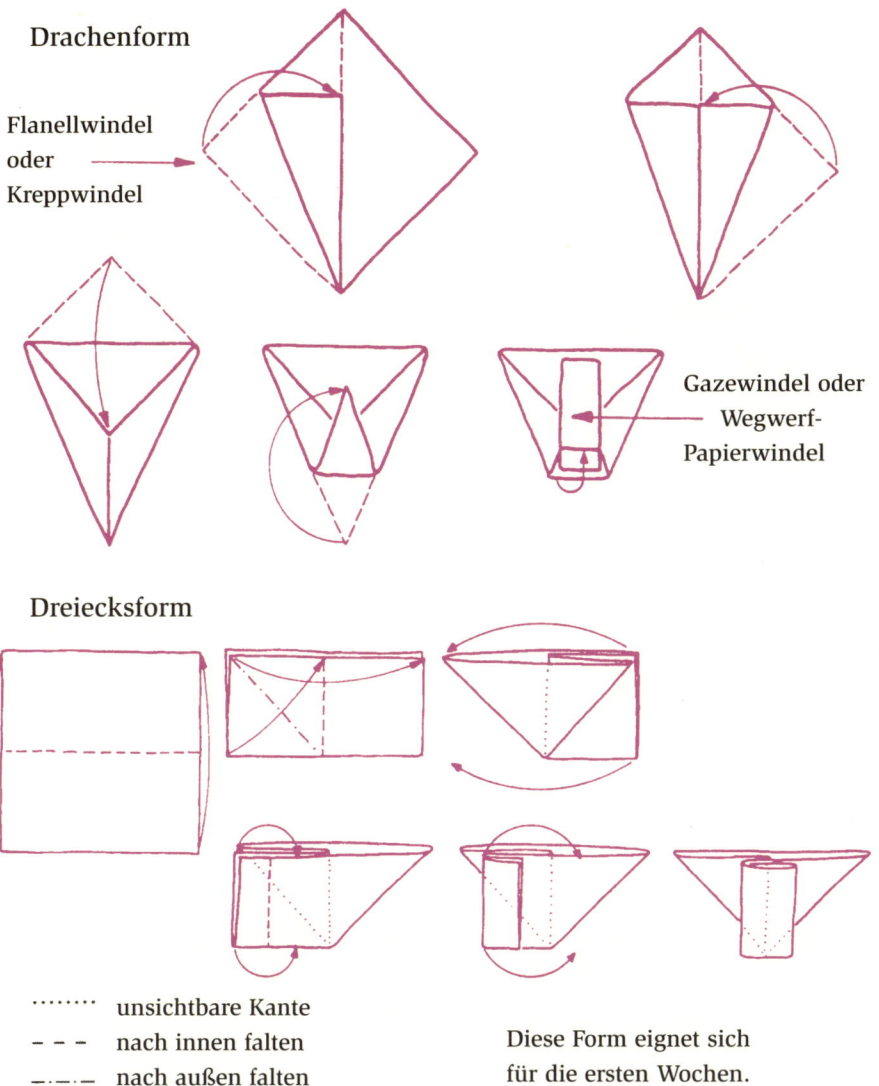

Drachenform

Flanellwindel
oder
Kreppwindel

Gazewindel oder
Wegwerf-
Papierwindel

Dreiecksform

········ unsichtbare Kante
– – –   nach innen falten
–·–·–   nach außen falten

Diese Form eignet sich
für die ersten Wochen.

Aus: Ursula Tappolet, u.a.: Das erste Lebensjahr. Pro Juventute Verlag, Zürich 1996

Wickeln mit Stoffwindeln

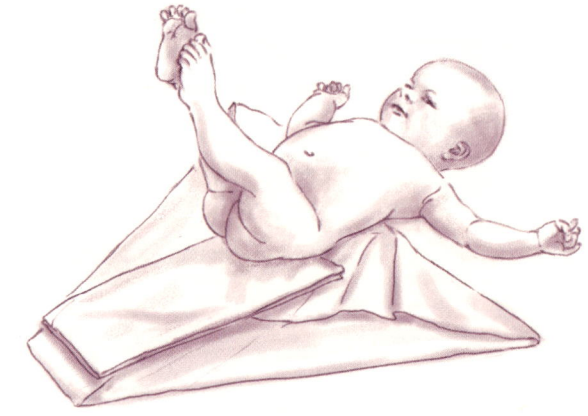

1. Zuerst eine Mullwindel wie einen Drachen falten, dann den oberen Zipfel darüberlegen und auch den unteren noch so weit umschlagen, dass die Windel nicht zu lang ist.

2. Als Einlage eine zusammengelegte Mull-Flocken- oder Vlieswindel nehmen.

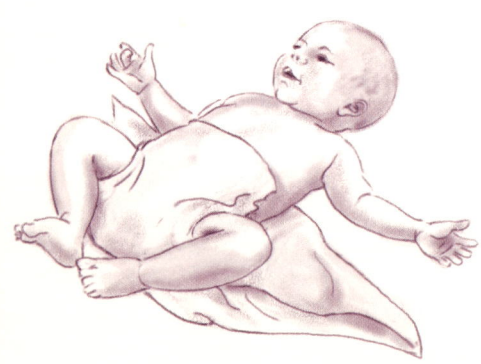

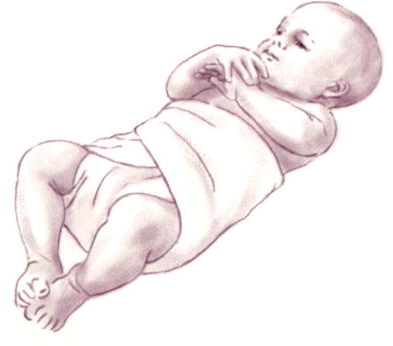

3. Windel zwischen den Beinen hindurch auf den Bauch legen.

4. Die Seitenteile von hinten nach vorn übereinanderschlagen, zusammenstecken oder festkleben.

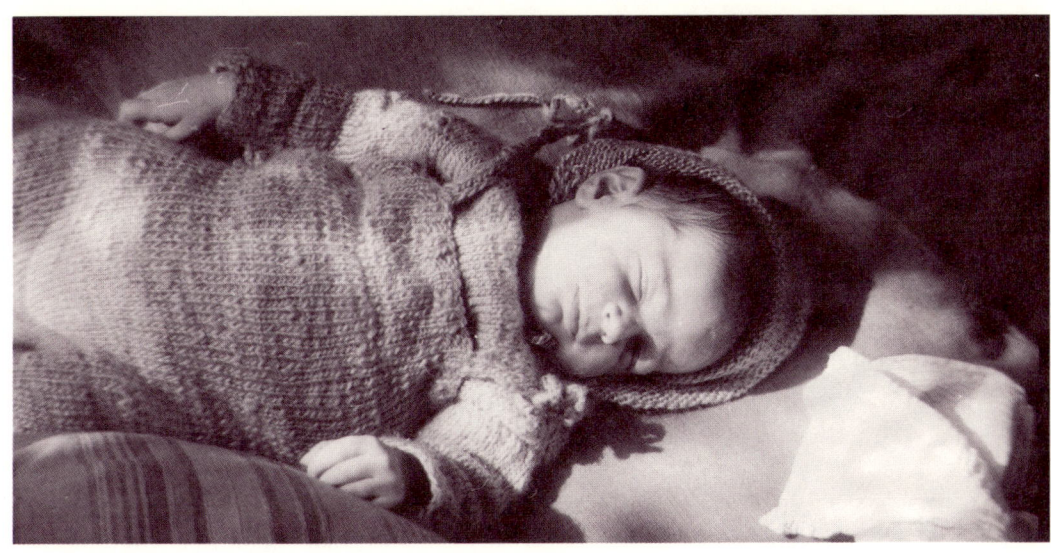

Höschenwindeln (Pampers) und die Stoffwindeln. Schmutzige *Stoffwindeln* Stoffwindeln sollten sofort in heißem Wasser eingeweicht und mit *sofort einweichen* einem auf Seifenbasis hergestellten Waschmittel gewaschen werden. In den ersten Wochen wird der Säugling gut gepackt. Über das Windelpaket wird noch ein Windelhöschen aus unbehandelter, gewalkter Schafwolle gezogen. Diese halten den Körper warm, saugen die Feuchtigkeit auf und durchlüften gut.

In den ersten Wochen empfiehlt es sich, den Säugling (an Stelle der Strampelhose) in ein Moltontuch oder in ein großes Wolltuch zu wickeln, womit auch die Füße eingepackt werden. Diese Wickeltechnik heißt «pucken». Zur Unterstützung der Hüftgelenksreifung eignet sich besonders das breite Wickeln mit einer zusätzlichen Windeleinlage zur Abspreizung der Oberschenkel.

Höschenwindel

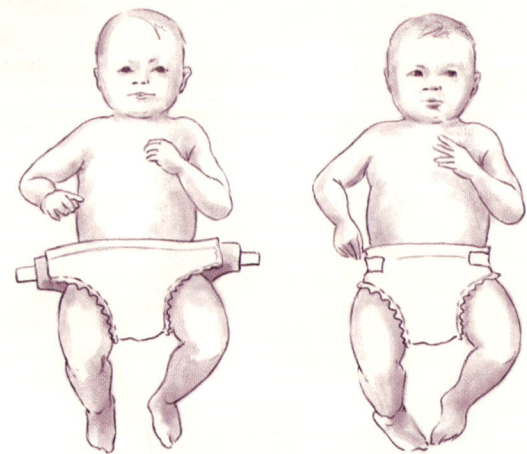

Windelhöschen wegwerfbar oder aus waschbarer Baumwolle (mit saugfähiger Einlage aus kochfester Baumwolle).

Wickelfolie

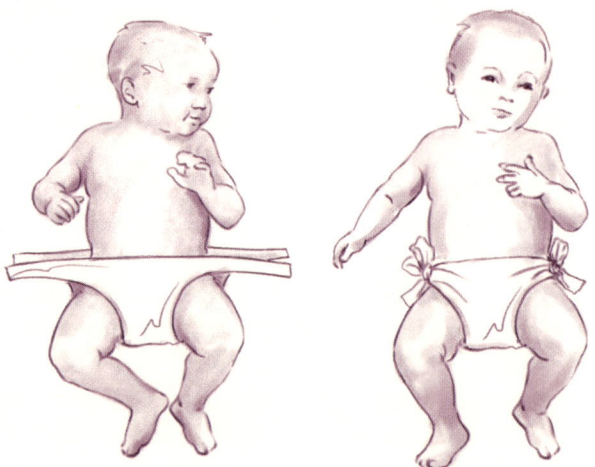

Auf die ausgebreitete Folie kommt eine Mull-, Vlies- oder Flockenwindel, die seitlichen Folienteile werden zusammengebunden.

Wickelfolie für Neugeborene

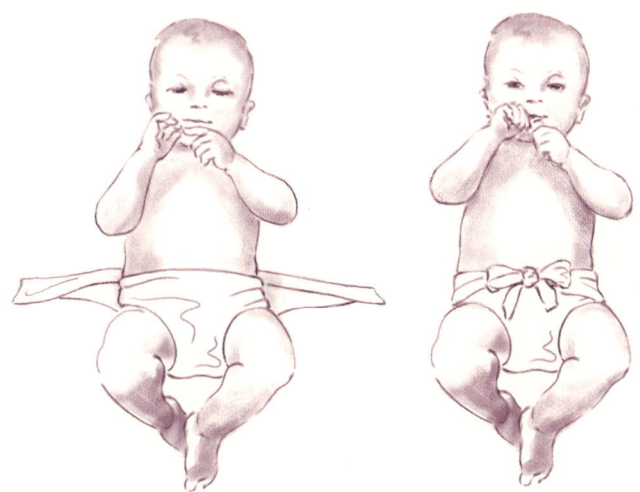

Bei zarten Babys können Sie die vorderen Folienenden nach hinten stecken und die hinteren auf dem Bauch binden.

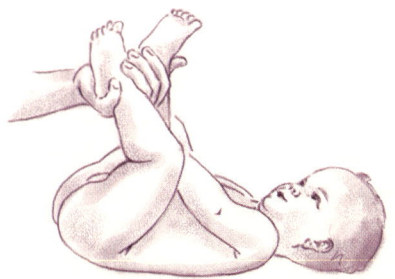

So haben Sie Ihr Kleines beim Wickeln ideal im Griff: Die Linke fasst beide Beinchen, Zeigefinger zwischen den Fußgelenken, die Rechte bleibt frei zum Hantieren, und ihr Baby behindert Sie nicht durch Strampeln.

Badezusätze – ja oder nein?

Badezusätze sind grundsätzlich unnötig. Bei sehr trockener Haut und zur Beruhigung sind Ölbäder (Lavendelbadeöl von Weleda) hilfreich.

So haben wir uns zum Thema Babyschwimmen entschieden

Seit einiger Zeit wird das Babyschwimmen diskutiert. Die Autoren sehen im ersten Jahr die Hauptaufgabe darin, dass das Kind *gehen* lernt, später kann es auch schwimmen lernen. Wenn das Kind am Schwimmen besonderen Spaß zeigt, kann man es vorzugsweise in der Badewanne plantschen lassen. Besonders Allergiker und Schorfkinder sollten sowieso die chlorreichen öffentlichen Bäder meiden.

Wasser – Baden, Plantschen

Wie wird der Säugling beim Baden gehalten?

Baden in handwarmem Wasser ist vor allem zur Freude, Lust und zum innigen Beisammensein schön. Badezusätze sind unnötig. Zur Reinigung ist das Baden in den ersten Wochen gar nicht nötig. Besonders zurückhaltend sollte der kälteempfindliche Kopf des Neugeborenen behandelt werden. Schiebt man die linke Hand unter seinen Rücken und umschließt mit Daumen und Zeigefinger seine linke Schulter, so ruht der Kopf des Säuglings auf dem ihn stützenden Unterarm, und die andere Hand bleibt frei zum Waschen und Plantschen.

Die empfindlich auf Wasser reagierenden «Schorfkinder» sollte man nur alle 7–10 Tage baden. Bei ihrer trockenen, schuppigen Haut kann ein Calendula Badezusatz mit Olivenöl oder ein Öl-Kleie-Bad angebracht sein. Die Haare braucht man nur zu waschen, wenn das Kind fettige oder gar ranzig riechende Haare hat, ansonsten ist es nicht unbedingt nötig.

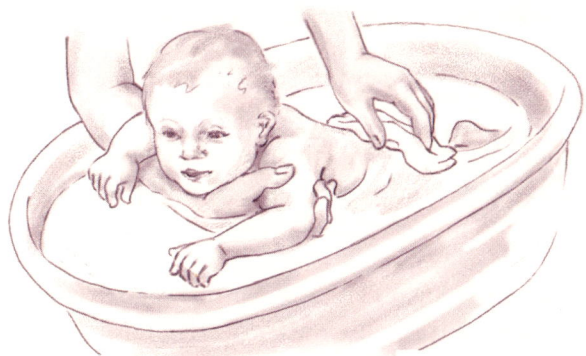

Hier liegt das Baby
auf dem rechten Unterarm.

Die Füße kommen zuerst ins Wasser.

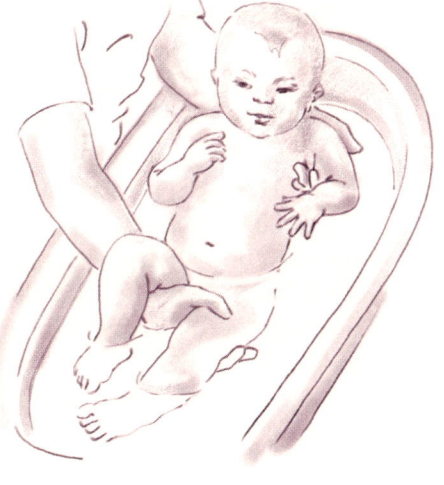

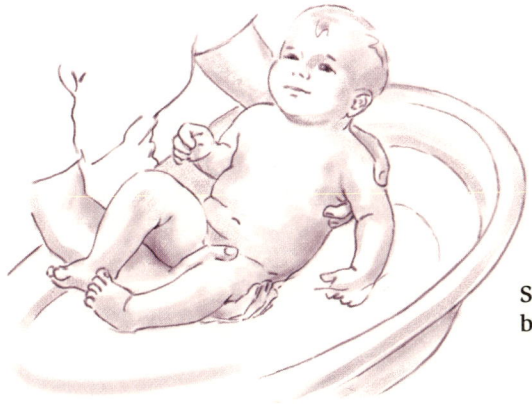

So haben Sie Ihr Baby
beim Baden sicher im Griff.

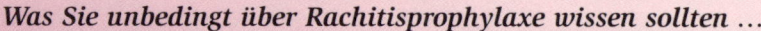

Was Sie unbedingt über Rachitisprophylaxe wissen sollten …

Rachitis ist eine Krankheit, die durch eine mangelnde Einlagerung von Calzium in den Knochen gekennzeichnet ist und zur Knochenerweichung führt. Zu wenig Licht oder zu wenig Vitamin D verursachen Rachitis. Der bekleidete Säugling braucht ca. 2 Stunden Sonnenlicht pro Woche oder 200 – 300 Einheiten Vitamin D pro Tag.

Ein vollgestillter Säugling, der von seiner Mutter täglich eine Stunde spazieren geführt wird, wobei sein Gesicht und seine Hände im indirekten Sonnenlicht sind, ist in der Regel vor Rachitis geschützt. Der Arzt achtet außerdem (besonders im Winter) bei den Vorsorgeuntersuchungen bzw. im Abstand von sechs Wochen auf Rachitisvorboten. Als Rachitisprophylaxe sind Präparate mit Austernschalenkalk und Apatit hilfreich und im Winter notwendig. Sie fördern die Aufnahmefähigkeit des Organismus für Calzium, ohne eine zu starke Kalkeinlagerung in die Knochen oder gar in die Gewebe zu erzwingen, wie das bei den früher üblichen Vitamin D-Stößen zu beobachten war. Die dagegen reduzierte Dosis von täglich 500 Einheiten Vitamin D als Tabletten zu geben, wie es heute noch üblicherweise empfohlen wird, ist immer noch für 95 % aller Säuglinge mit Sicherheit zu viel. Bedenkt man, dass über Nahrung und Sonnenlicht mindestens 100 – 200 Einheiten dazukommen, erhalten die meisten Kinder mindestens das zwei- bis dreifache ihres durchschnittlichen Bedarfs.

Das gilt auch für die mit industrieller Flaschenmilch ernährten Kinder, da praktisch alle Präparate vitaminisiert sind. Niemand weiß, ob diese maximale Versorgung, bzw. Überdosierung mit Vitamin D im Einzelfall wirklich ungefährlich ist, wie immer angenommen wird. Von den Vitamin D-Stößen hat man dies auch jahrzehntelang geglaubt, bis die richtigen Fragestellungen oder zufällige Beobachtungen zur Entdeckung von Nebenwirkungen geführt haben.

Eine individuelle Dosierung unter ärztlicher Kontrolle und Einbezug der individuellen familiären Situation und des Risikoprofils des Kindes (Geburtsgewicht, Hautfarbe, Wohnort, Jahreszeit, Witterung, soziale Situation, Sorgfalt und Erfahrung des Arztes) ist zwar nicht so simpel zu schematisieren, aber sicherlich von Fall zu Fall angemessener.

Eine Kariesprophylaxe mit Fluor kann frühestens ab dem sechsten bis achten Lebensmonat notwendig werden, wenn abgestillt wurde. Sie ist vom Trinkwassergehalt an Fluor abhängig und durch Ernährung (Tafelwasser, später entsprechendes Speisesalz) ohne Tablettenzugabe zu leisten. Zusätzlich kann zur Karies- und Rachitisprophylaxe im Einzelfall auch ein Medikament durch den Arzt gegeben werden. Ernährung und (später) Zahnhygiene sind die wichtigsten vorbeugenden Maßnahmen.

Was Sie unbedingt über Sonnenschutz wissen sollten …

Säuglinge sollten nicht der direkten Sonnenbestrahlung ausgesetzt werden. Sonnenbrände sind unbedingt zu vermeiden. Je jünger die Kinder ihren Sonnenbrand bekommen, desto größer ist die Gefahr eines späteren schwarzen Hautkrebses. Der beste Sonnenschutz ist der Selbstschutz durch langsame Anpassung der Haut an die Sonnenbestrahlung, indem die Haut sich bräunt im indirekten Sonnenlicht und unter dem blauen Himmel.

Sollte das Kind während des Spaziergangs, des Badens und in den Ferien dem direkten Sonnenlicht ausgesetzt sein, ist eine Sonnenschutzcreme mit hohem Lichtschutzfaktor nötig. Blondrötliche Kinder brauchen einen höheren Lichtschutzfaktor als Kinder mit braun-schwarzem Haar. In jedem Fall die Reaktion der Haut beobachten, auch eventuelle allergische Reaktionen auf die Creme.

Luft und Sonne – Erste Beziehung zur Umwelt

Der Spaziergang – alle Tage – rettet das Leben.
(Michel Serres: Die fünf Sinne)

Tageslicht, blauer Himmel, durchsonnte Luft sind für Säuglinge von Anfang an wichtig. Sie erhöhen Lebensfreude, Gesundheit, Appetit, Naturverbundenheit und «Sinnlichkeit» (auch der Mutter) und regen außerdem noch die körpereigene Produktion von Vitamin D an, das zur gesunden Knochenbildung nötig ist. Die Schlafzeiten am Tag sollte der Säugling möglichst an der frischen Luft verbringen. Direkte Sonnenbestrahlung sollte aber immer vermieden werden. Besonders geeignet fürs Sonnen-Luft-Bad sind der Halbschatten unter dem bewegten Blätterdach, der Vormittag und spätere Nachmittag. Den besonders empfindlichen Kopf sollte man draußen immer mit einem Hütchen und, wenn man mit dem Kinderwagen unterwegs ist, mit einem Sonnenschirm schützen. Ein Mützchen empfiehlt sich während des ganzen ersten Lebensjahrs auch im Haus.

Keine direkte Sonnenbestrahlung!

Nur die ersten drei bis vier Wochen verbringt man mit dem Baby vorzugsweise noch im regelmäßig gelüfteten Zimmer, auf dem Balkon oder im Schutz des Gartens. Mit dem täglichen Spaziergang, zuerst im Kinderwagen oder im Tragetuch, dann im Snugli, Huckepack oder im Buggy kommt der Säugling an die nötige frische Luft. Kleine Kinder lieben es, herumgetragen und herumgefahren zu werden. Beim Tragen des Kindes sollte berücksichtigt werden, welche Köperteile es selber schon stabil tragen kann, und dementsprechend sollen die Tragehilfen angewendet werden. Die Stabilisierung beginnt mit dem Kopf, dann mit dem Brust-Rückenbereich, und erst ab dem 6. Monat kann das Kind den Lenden-Becken-Bereich selber stabilisieren.

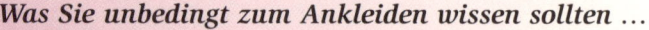

Was Sie unbedingt zum Ankleiden wissen sollten …

Das Kind sollte es weder kalt noch zu warm haben.

Wenn es zu warm angezogen ist, wird es unruhig, strampelt sich frei (besonders in der Bauchzone) und erkältet sich leicht durch die Abkühlung in der Schwitzzone.

Der Wärmezustand des Kindes lässt sich erkennen durch die

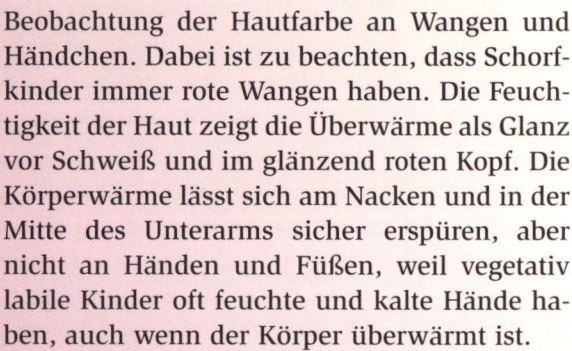

Beobachtung der Hautfarbe an Wangen und Händchen. Dabei ist zu beachten, dass Schorfkinder immer rote Wangen haben. Die Feuchtigkeit der Haut zeigt die Überwärme als Glanz vor Schweiß und im glänzend roten Kopf. Die Körperwärme lässt sich am Nacken und in der Mitte des Unterarms sicher erspüren, aber nicht an Händen und Füßen, weil vegetativ labile Kinder oft feuchte und kalte Hände haben, auch wenn der Körper überwärmt ist.

Als Bekleidung wird (vor allem im Winter) Wolle und Wolle-Seide empfohlen. Allergische Kinder sollten nur Baumwolle oder Seide auf der Haut tragen.

In den ersten Monaten sollte das Kind immer eine Kopfbedeckung tragen: im Winter eine dichte mit einem Leinentuch innen (das ist wichtiger als dick und selbst gestrickt grobmaschig), im Sommer eine leichte und durchlüftende Kopfbedeckung aus Wolle, Baumwolle oder Seide.

Die Schühchen dienen zum Schutz vor Nässe, Kälte und Verletzungen. Sie sollten weich sein. Fußformende Schuhe und Einlagen sind bis zum fünften Lebensjahr normalerweise unnötig.

Viel barfuß gehen ist am gesündesten für das Kind, solange es sich nicht verletzt.

© DIDYMOS® – Erika Hoffmann, Ludwigsburg

Kind im Tuch auf dem Bauch der Mutter: für die ersten sechs Wochen bis drei Monate.

Ab dem dritten Monat, wenn das Kind eine stabile Kopfkontrolle hat, kann das Tuch so befestigt werden, dass das Kind seitlich auf der Hüfte der Mutter sitzt und von ihr unterm Po und im Rücken gestützt wird.

Im Snugli darf das Kind nicht zu locker sitzen, weil es jede Bewegung der Mutter mitmacht. Es sollte so getragen werden, dass es stramm an Brust und Bauch der Mutter anliegt, damit sein Rücken möglichst entlastet wird. Die Hände der Mutter noch zusätzlich am Rücken des Kindes verhindern einen Rundrücken.

Stillen

Die Muttermilch
enthält alle
Nährstoffe, die das
Kind braucht

Stillen tut Mutter und Kind gut. Lustvoll saugt der Säugling an der Mutterbrust und stillt seine Bedürfnisse nach Wärme, Hautkontakt und Nahrung. Die erste tief gehende kindliche Erfahrung geht über seinen Mund.

Die Muttermilch stillt Hunger und Durst und gibt dem Kind im ersten Halbjahr alle Nährstoffe, die es braucht. Außerdem schützt die Muttermilch vor Infektionen, ist hygienisch einwandfrei und hat die richtige Temperatur.

Das Neugeborene sollte gleich nach der Geburt an die Brust angelegt werden. Bereits die ersten Tropfen der Vormilch sind wertvoll. Es ist vorteilhaft, wenn der Säugling an der weichen Brust bereits vor dem Milcheinschuss Saugen und Schlucken üben kann. Eine ruhige Atmosphäre und eine bequeme Haltung fördern das Stillen.

Wie oft soll
gestillt werden?

Das Bedürfnis des Säuglings bestimmt die Häufigkeit des Stillens. Anfangs verlangt er manchmal jede Stunde die Brust, nach sechs bis acht Wochen stellt sich ein drei- bis fünfstündiger Rhythmus ein. Der Säugling sollte immer an beiden Brüsten trinken können, damit die Milchproduktion gleichmäßig angeregt wird. Erst wenn die eine Brust möglichst leer ist, sollte gewechselt werden. Auch wenn die zweite Brust nicht ganz leer getrunken wird, entlastet sie sich wenigstens. Am Anfang kommt jeweils nur dünne, danach fließt die nährstoffreiche Milch gegen den Hunger. Je öfter der Säugling angelegt wird, desto stärker wird die Milchproduktion angeregt. Selbst bei genügend Muttermilch empfiehlt sich der so genannte Milchbildungstee von Weleda, eine Mischung aus Anis, Fenchel und Kümmel, der auch bei Blähungen der Mutter hilft und indirekt dem Kind gut tut.

Wie lange?

Für das volle Stillen soll sich die Mutter sechs Monate Zeit lassen können. In dieser ersten Zeit, wenn das Kind gut gedeiht, braucht es keinerlei Beikost, auch keine zusätzlichen Säfte. Ab dem siebten Monat kann bei gleich bleibendem Stillen anschließend an die Brustmahlzeit etwas Gemüse, Obst, Getreide oder getreideähnliche

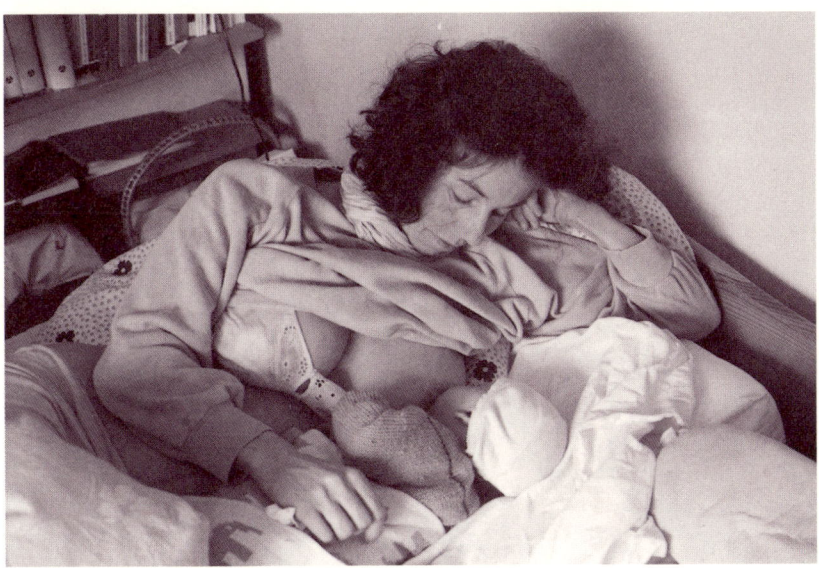

Nahrung langsam steigernd angeboten werden. Das Kind stillt sich dann nach und nach selbst ab.

Zwischen dem 4. und 7. Monat sollte die Mutter möglichst das nächtliche Stillen reduzieren, um eine durchgehende Schlafenszeit von sechs bis acht Stunden zu fördern.

Sollte aus verschiedenen Gründen die Muttermilch für ein Gedeihen des Säuglings nicht ausreichen, muss schon vor dem 6. Monat zugefüttert werden. Nicht jeder Säugling meldet sich durch Schreien oder Unzufriedenheit, wenn er Hunger hat. Ein sicheres Anzeichen für eine mangelhafte Ernährung ist die ungenügende Gewichtszunahme.

Wenn die Muttermilch nicht ausreicht

Dreimonatskoliken

Sie haben alles getan: frisch gewickelt, nochmals gestillt, gewiegt, auf dem Unterarm geschaukelt, gesungen, Fieber gemessen, den Bauch massiert und aufstoßen lassen. Doch Ihr Kind lässt sich

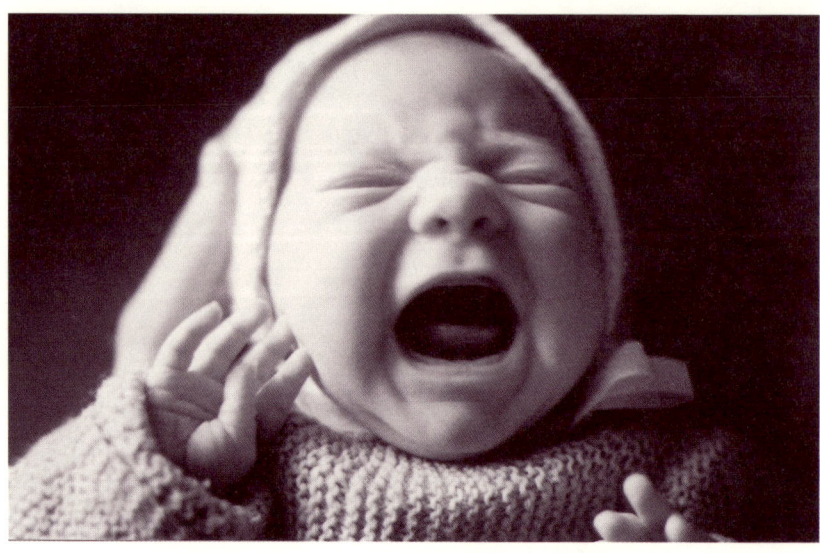

nicht beruhigen, es zieht immer wieder die Beine an, schreit herz-
zerreißend und hört erst auf, wenn es erschöpft ist.

Die «Schreistunde»   Die Ursache dieser oft am späten Nachmittag oder Abend auftre-
tenden Schreizustände in den ersten drei bis vier Monaten ist nicht
bekannt. Ihr Kinderarzt findet nichts Krankhaftes, keine Mittelohr-
entzündung, keine Darmverschlingung, keinen Harnweginfekt
und stellt die Diagnose «Trimenonkoliken». Blähungen sind in der
Regel die Folge und nicht Ursache des Schreiens, deshalb helfen
Karminativa (Anti-Blähmittel) wenig.

Gibt es äußere   Vielleicht liegt es am Temperament und in der Konstitution des
Anlässe?   Kindes. Möglicherweise gehört es zu denen, die besonders empfindlich und heftig mit schreckhaften Bewegungen und Schreien
auf äußere und innere Sinnesreize reagieren. Berührung, Kälte,
Lärm, abrupte Bewegungen der Mutter, Lageveränderungen, helles
Licht, aber auch Darmgeräusche, normale Verdauungsvorgänge
und eigene plötzliche Reflexbewegungen der Arme beunruhigen
manche Kinder in besonderem Maß. Diese hohe Empfindlichkeit

Hilfen und Ratschläge bei Dreimonatskoliken

Die sorgfältige ärztliche Untersuchung hat ergeben, dass keine Krankheit vorliegt. Nun bedarf es großer Geduld mit dem schreienden Kind. Akzeptieren Sie sein besonderes Temperament. Etwas anderes hilft kaum. Nahe liegend ist, dass Sie zu viele und plötzliche Sinneseindrücke vermeiden, Spannungen und Hektik in seiner Umgebung möglichst reduzieren. Wiegen Sie ihr Kind ruhig und langsam, reiben Sie immer wieder seinen Bauch zärtlich mit beruhigendem Lavendelöl ein. Wenn so über die Mutter, im Ergreifen der Dinge, im Spiel der Hände die Aufmerksamkeit des Kindes sich der Welt zuwenden kann, verstummt dieses Schreien in der Regel – leider nicht immer – mit drei Monaten.

Natürlich wird die stillende Mutter weiterhin auf ihre Nahrung achten und alles Blähende (Lauch, Kohl, Bohnen, manchmal auch Zitrusfrüchte oder Kuhmilchprodukte) reduzieren oder ganz weglassen. Gefährlich sind aber verzweifelte Reduktionsdiäten, die nur noch bei Wasser und Brot landen und doch nicht helfen.

bleibt oft auch später bestehen und zeigt sich dann als «vegetative Labilität» mit kalt-feuchten Händen und Füßchen und einer Neigung zu ungeklärten Bauchschmerzen oder zu hypermotorischem Verhalten und leicht ablenkbarer Aufmerksamkeit.

Was Sie unbedingt über das Spucken wissen sollten …

Ein Kind kann durch regelmäßiges Spucken auffallen. Mit «Zahnungsfieber», «Wachstumsschmerzen», «Wetterfühligkeit» sind die ersten Sorgen scheinbar abgewendet. Auch wenn Sprüche wie «Speikinder: Gedeihkinder» eine gewisse beruhigende Berechtigung haben, gehören sie immer an das Ende der Überlegungen, wenn behandlungsbedürftige Erkrankungen ausgeschlossen sind, und das Kind gedeiht.

Gelegentlich verbirgt sich eine ernst zu nehmende Krankheit hinter dem auffälligen Spucken. Spucken ist harmlos, wenn im Erbrochenen kein Blut ist, der Säugling normal an Gewicht zunimmt und nicht regelmäßig beim Trinken sofort schwallartig zu erbrechen beginnt. Auch Husten, Bauchschmerzen oder Fieber sind Alarmzeichen, wenn sie das Spucken begleiten.

Oft tritt Spucken bei Kindern, die hastig trinken und dabei Luft schlucken, beim «Bäuern» auf. Auch die etwas schlafferen Kinder können spucken, bei denen der Verschluss vom Magen zur Spreiseröhre noch nicht richtig funktioniert, und der Rückfluss der Nahrung zum Spucken führt. Dies wird noch durch die vorwiegend flüssige Kost und eine flache Lagerung des Säuglings begünstigt. Häufigere kleinere Mahlzeit-Mengen und leichte Schräg- und Rechtsseitenlage können hier helfen. Wenn die Kinder sitzen und Beikost bekommen, verschwindet das Spucken. Eine nahe liegende und leicht zu behebende Ursache für das Spucken kann auch einfach Überfütterung sein, die aus mütterlicher Sorge oder übermäßiger Lust des Kleinen am Trinken entsteht.

Flaschennahrung, Kleinkind-
kost und feste Mahlzeiten

Mit dem langsamen Abstillen kommt das Trinken aus der Babyflasche dazu. Ihr Inhalt besteht aus pasteurisierter Milch mit Zusatz von Wasser, Getreideschleim oder Getreidemehl. Die Sauger haben die richtige Lochgröße, wenn die Flüssigkeit bei umgekehrter Flasche Tropfen für Tropfen heraustropft. Flasche und Sauger müssen nach jedem Gebrauch sorgfältig gereinigt werden.

Vor dem 12. Lebensmonat darf noch keine Vollmilch, sondern nur verdünnt als 1/2-Milch oder 2/3-Milch für die Zubereitung der Flasche oder des Getreidebreis verwendet werden. Es wird abgeraten, zu salzen oder (wegen Botulismus-Gefahr) mit Honig zu süßen. Statt tierischer Fette (Butter, Sahne) empfehlen wir kaltgepresstes, biologisches (Sonnenblumen- oder Oliven-) Öl.

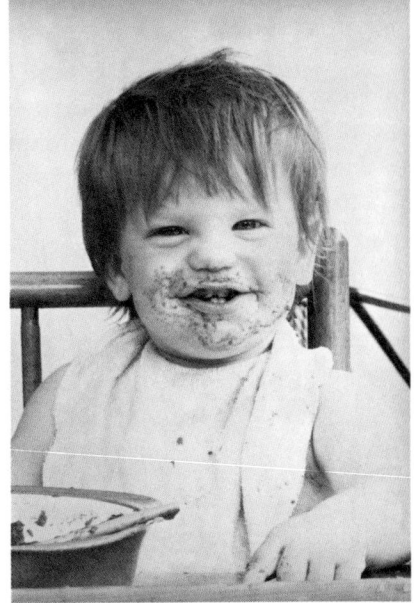

Vor dem 6. Monat sollte kein kleberhaltiges Getreide (Roggen, Weizen, Hafer, Gerste, Dinkel) für die Flaschenmahlzeiten verwendet werden. Es empfiehlt sich Reis- oder Maisschleim aus biologisch-dynamischem Anbau (Demeter).

Im zweiten Halbjahr vollzieht sich langsam der Übergang von der Säuglingsnahrung zur Kleinkindkost. Das Kind sitzt nun schon gerne auf dem Hochstühlchen am Tisch mit den Erwachsenen zusammen. Die Zeit am Tisch wird zu einem weiteren schönen Gemeinschaftsspiel. Da gibt es viel Neues zu entdecken, Nahrungsmittel und Haushaltsgegenstände werden zu beliebten Spielsachen. Bald will es sich nicht mehr füttern lassen, sondern den Löffel selbst halten und mehr

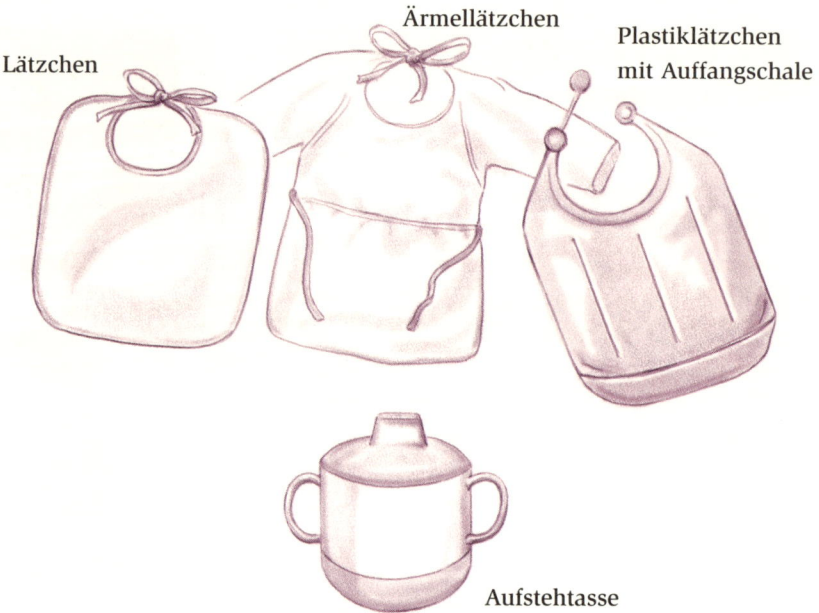

Lätzchen

Ärmellätzchen

Plastiklätzchen mit Auffangschale

Aufstehtasse

und mehr auch das probieren, was die Erwachsenen essen. Fleisch und Eier sind für das kleine Kind nicht nötig. Säfte aus Beeren und Obst sind beliebt und tun ihm gut. Nicht nur zum Schutz der Zähne wird empfohlen, an Stelle von nahrungshaltigen Getränken (gesüßte Tees, Säfte, Milch) nur ungesüßten Tee oder Wasser vor dem Einschlafen zu geben.

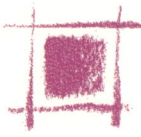

Hier finden Sie weitere Hilfen zur Frage der Ernährung:

Petra Kühne: Säuglingsernährung. Bad Vilbel 1997.

Wolfgang Goebel/Michaela Glöckler: Kindersprechstunde. Verlag Urachhaus, Stuttgart [13]1998.

Die ersten Zähne

Der erste Zahn ist ein großes Ereignis. Von den meisten Eltern wird er auch als etwas ganz Besonderes empfunden wie der erste erkennende Blick im Gesicht des Kindes, sein erstes erwiderndes Lächeln, sein erster eigener Schritt. Das Erscheinen des Zahns ist eine Geburt im Kleinen. Mit den verschiedenen «Geburtsvorgängen» der heranwachsenden Persönlichkeit ist nicht allein Freude verbunden, sie werden von Missempfindungen, Schmerzen, Schlafstörungen, fieberhaften Erkrankungen und Ängsten begleitet. Der erste durchbre-

Jeder Geburtsvorgang ist auch mit Schmerzen verbunden

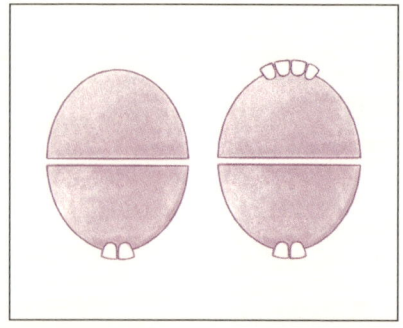

chende Zahn ist nicht Ursache davon, sondern sichtbar werdendes Zeichen für diesen gewaltigen Umbruch im ganzen Leben des Kindes.

Der erste Zahn steht als Markstein für die biografisch bedeutenden Ereignisse zwischen dem fünften und siebten Lebensmonat. Das Erscheinen des ersten Zahns fällt in die Zeit, in der der Säugling körperlich und seelisch immer selbstständiger wird. Er beginnt sich von den grenzenlos auf ihn einströmenden und durch ihn hindurchströmenden Einflüssen nach und nach abzusetzen. Die unvertraute Welt wird als etwas von ihm Verschiedenes immer deutlicher. Diese Welt außerhalb von ihm kann er sich einverleiben und als vielfältige Sinneseindrücke und Nahrungsstoffe verdauen lernen. Es ist die Zeit der allmählichen Trennung von der Mutterbrust. Das Verdauungssystem des Säuglings ist jetzt genügend ausgereift, um die Zufütterung zur Muttermilch aufnehmen zu können.

Im abnehmenden Nestschutz können jetzt fieberhafte Erkrankungen häufiger auftreten und besser bewältigt werden. Es ist auch die Zeit des Fremdelns, in der das Kind die als fremd und bedrohlich empfundenen Eindrücke abwehrt. Die Welt bewegt sich nicht allein um das Kind herum; es beginnt selber willentlich seinen ganzen Leib zu bewegen. In der aktiven Auseinandersetzung mit der Schwerkraft und der festen Unterlage folgt nun mit dem Körperdrehen, Robben, Krabbeln und Sitzen die Aufrichtung.

Der Durchbruch der ersten Zähne beginnt in der Regel zwischen dem sechsten und zehnten Lebensmonat. Die Reihenfolge des Durchbruchs der Zähne ist bei allen Säuglingen ziemlich ähnlich.

Hilfen und Ratschläge bei Zahnungsproblemen

Wenn Kinder zahnen, können sie quengelig und weinerlich sein, die Wangen röten sich, der Speichel fließt vermehrt und die Körpertemperatur erhöht sich leicht. Ein Beißring zum Beißen und Kauen erleichtert das Zahnen.

Für wirkliche «Zahnungsprobleme» gibt es einige Hilfen. Gereiztes Zahnfleisch kann mit einigen Tropfen Mundwasser (von Weleda) betupft werden. Wenn sich (in seltenen Fällen) ein kleiner bläulicher Bluterguss vor dem durchstoßenden Zahn gebildet hat, helfen Arnikaessenz in Salbeitee verdünnt oder einige Hilfsmittel aus dem anthroposophischen oder homöopathischen Bereich. Auf lokal betäubende so genannte «Zahnungsgels» oder -tropfen kann man getrost verzichten. Auch bei «Zahnungsproblemen» hilft wie bei den Dreimonatskoliken am besten Geduld und Trost. Aber verhätscheln Sie Ihr Kind nachts nicht zu sehr, sonst bleiben die «Zahnungsbeschwerden» bis ins Kindergartenalter bestehen. Stillen als nächtliches Beruhigungsmittel sollte in diesem Alter nur im Notfall angewendet werden.

Oft fragen Mütter im dritten Lebensmonat ihres Kindes, ob es zahnt, weil es die Fäustchen in den Mund steckt und stark speichelt. Dahinter steckt dann meistens nicht der erste Zahn, sondern die freudige Erfahrung der eigenen Hände, die in dieser Zeit gerne in den Mund gesteckt und mit dem Mund «begriffen» werden. Diese Art der «Selbsterfahrung» wird anders als beim Zahnen nie von Missvergnügen und Schmerzen begleitet.

Die Milchzähne müssen sechs bis zwölf Jahre halten. Eine gesunde Ernährung durch vollwertige Nahrungsmittel und wenig Zucker kann viel dazu beitragen. Regelmäßiges Zähneputzen mit Kinderzahnpasta (keine schaumbildenden oder fluorhaltigen Pasten) ist für die Zahnpflege genauso wichtig. Außerdem gewöhnt sich das Kind spielerisch an den frühen Umgang mit einer Zahnbürste.

Auf dem Arm der Mutter
Früheste Kindheitserinnerung von Rudolf G. Binding

Das erste Erlebnis, von dem ich weiß und das ich als eigenes bezeichnen darf, war das Erlebnis einer Richtung. Ich saß als kleines Kind auf dem Arm einer Frau, die mich trug, und weiß, dass, wenn sie mit mir aus der Tür eines Hauses ins Freie trat, sie sich nach rechts wendete, um zu einem großen Springbrunnen zu gelangen. Ich konnte damals sicher weder sprechen noch laufen noch auch sonstwie mich entscheidend verständlich machen. Denn ich erinnere mich ganz genau meiner stillen Spannung, ob die Frau mit mir auf dem Arm die Wendung nach rechts machen würde oder nach links. Ich wartete auf die Wendung nach rechts und auf das Gefühl, das sie in meinem Körper hervorbrachte; denn ich erkannte sie an diesem Gefühl. Doch nahm ich beides, rechts oder links, schweigend hin. Aber nach rechts, das wusste ich eben, ging es zu dem großen Springbrunnen. Wer die Frau war, die mich trug – wahrscheinlich war es meine Mutter –, wie ich bis zur Türe des Hauses gelangte, aus der sie trat, wo das Haus war oder was es bedeutete, was sonst mit mir vorging, davon habe ich nicht die leiseste Vorstellung oder Erinnerung zurückbehalten. Ich bemerkte mich aber sofort und ganz deutlich jedesmal, wenn jene Frau aus dem Hause ins Freie trat, fühlte die Wendung, die sie machte, und wusste daraus, ob es zum Springbrunnen ging oder ins Ungewisse, Unbestimmte. Der Springbrunnen spielte sicher mit; er zog mich natürlich an, und ich bestaunte ihn. Aber als bleibendes Erlebnis hatte er in mir einen viel geringeren Raum als die Wendung der Frau und das dadurch ausgelöste Gefühl. Das ging mich an; in diesem Vorgang spielte ich selber mit; er erregte mich; ich war in ihn einbezogen, ich erlebte ihn.

Aus: Rudolf G. Binding, «Erlebtes Leben», Stuttgart 1964.

Sehr unterschiedlich kann es sein, wann die Zähne sich zeigen. Bei Geburt können schon Zähne da sein, es kann aber auch bis nach dem ersten Lebensjahr dauern, bis der erste Zahn kommt. Meist erscheinen die zwei unteren mittleren Schneidezähne zuerst (Abb. oben links), bis zum achten Monat kommen die zwei oberen mittleren Schneidezähne dazu (Abb. oben rechts). Am Ende des ersten Lebensjahres, wenn das Kind selbstständig auf eigenen Beinen steht, hat es in der Regel seine vier oberen und seine vier unteren Schneidezähne. Erst im Laufe des dritten Lebensjahres wird es alle zwanzig Milchzähne bekommen haben. Regelmäßiges Zähneputzen ab dem zweiten Lebensjahr, zuerst ohne, dann mit Kinderzahnpasta ist nun wichtig.

Da greift nun das Kind im Dunkel, im dicken Dunkel
und stößt nur auf Dunkel. Des Kindes Angst und das
Dunkel kommen ganz gut miteinander aus, aber nicht
das Kind mit der Angst. Das Kind hat so viel Talent,
Angst zu haben, dass die Angst immer größer wird.
Sie bemächtigt sich des kleinen Kindes, denn sie ist
etwas so Großes, Dickes, Schweratmendes ....

Robert Walser: Geschwister Tanner

Schlafen und Wachen

Der Rhythmus von Schlafen und Wachen, Ruhe und Aktivität, Aufbau und Abbau, ist lebensnotwendig. Einschlafen und Aufwachen sind tief greifende, tägliche Ereignisse. Sehr oft wird uns dies gerade am kleinen Kind erst richtig bewusst. Denn wir sind täglich mehrmals dabei, wenn es aufwacht oder einschläft. Der Gang zum Bettchen gehört in der ersten Zeit zu den regelmäßigsten Verrichtungen in dieser Beziehung zwischen Mutter, Vater und Kind. Das Kind über Jahre immer wieder ins Bett zu bringen und ins Schlafreich hinein zu begleiten gehört zu den großen stillen Taten vor allem der Mütter.

Einschlafen, Durchschlafen, Aufwachen

Die ersten Monate verbringt der Säugling liegend. Neben der Brust seiner Mutter ist das Bettchen sein wichtigster Aufenthaltsort, wo er täglich bis zu zwanzig Stunden schläft. Erst gegen Ende des ersten Lebensjahrs schläft das Kind etwa so lange, wie es wach ist, während ein junger Erwachsener mit acht bis zehn Stunden Schlafzeit pro Tag auskommt.

Noch vor der Geburt entscheiden sich die Eltern für ein Bettchen oder eine Wiege und richten das Plätzchen im Zimmer liebevoll her, vielleicht gar mit einem gut befestigten Wiegenhimmel, unter dem es liegen wird. Dieses Plätzchen wird zuerst im Elternschlafzimmer sein, später im eigenen Zimmer.

Unsere Aufmerksamkeit wacht auch beim schlafenden Kind

In den ersten Wochen sollte der Säugling nicht unbeobachtet schlafen, immer ist jemand in seiner Hör- und Reichweite, um ihn notfalls anders zu legen, besser zu- oder abzudecken. Wenn er Fieber hat, darf der Säugling nicht zu warm zugedeckt sein, um der Gefahr eines Hitzestaus vorzubeugen. Am Anfang sollte er

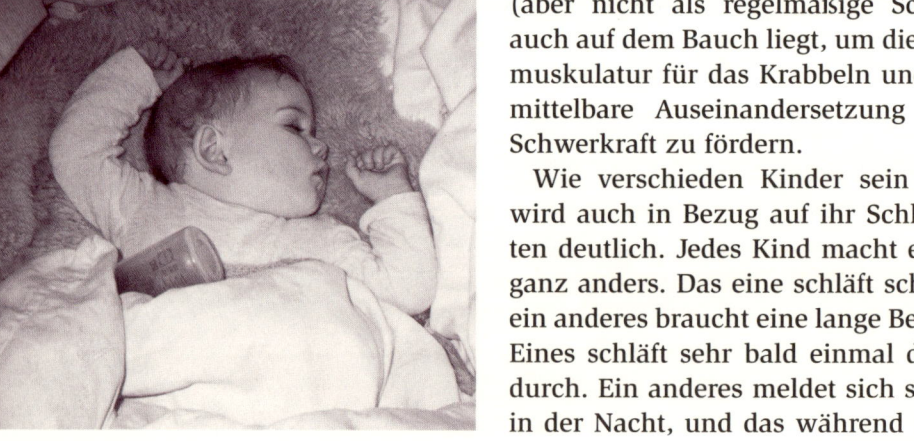

auch nicht auf dem Bauch liegend schlafen. Ab dem dritten Monat ist es angebracht, dass der Säugling gelegentlich (aber nicht als regelmäßige Schlaflage) auch auf dem Bauch liegt, um die Rückenmuskulatur für das Krabbeln und die unmittelbare Auseinandersetzung mit der Schwerkraft zu fördern.

Wie verschieden Kinder sein können, wird auch in Bezug auf ihr Schlafverhalten deutlich. Jedes Kind macht es wieder ganz anders. Das eine schläft schnell ein, ein anderes braucht eine lange Begleitung. Eines schläft sehr bald einmal die Nacht durch. Ein anderes meldet sich sechs Mal in der Nacht, und das während mehrerer

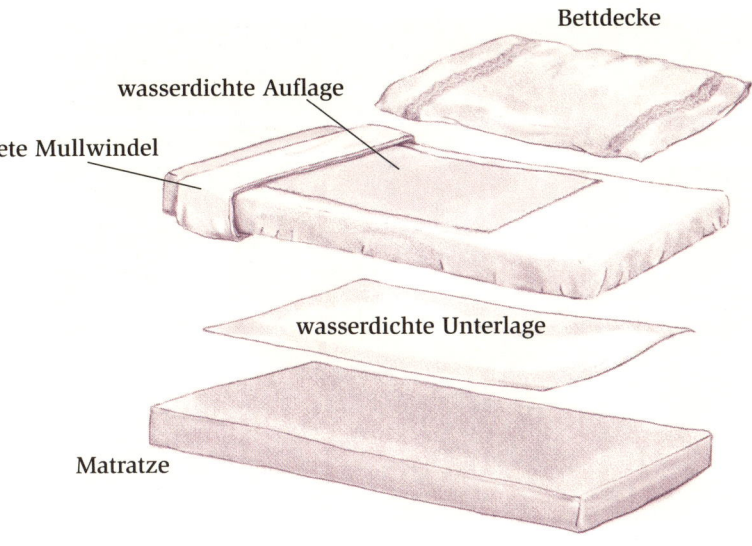

Bettdecke

wasserdichte Auflage

ltete Mullwindel

wasserdichte Unterlage

Matratze

Monate. Eines muss lange herumgetragen werden, ein anderes braucht das regelmäßige Geräusch eines fließenden Bachs, die Fahrt im Kinderwagen oder gar eine kurze Autofahrt, damit es schließlich einschläft.

In jedem Fall muss das Kind mehrere Wochen, oft gar einige Monate alt werden, bis es regelmäßig in längeren durchgehenden Nachtpausen zwischen sechs und acht Stunden durchschläft. Am Anfang melden sich die Hunger- und Schlafbedürfnisse ganz unregelmäßig. Das Erzwingen fester Zeiten bringt hier gar nichts. Mit der Zeit kann es förderlich sein, dem Tagesablauf eine geordnete Form zu geben, indem man versucht, die Mahl- und Schlafenszeiten, Spazierengehen und anderes möglichst regelmäßig zu gestalten. *Wann wird das Baby endlich durchschlafen?*

Das Einschlafritual kann eine ganz bestimmte Abfolge bekommen, die jedes Elternpaar für sein Kind selber erfindet, ganz wie es ihnen beliebt. Dazu können Schlafliedchen gehören, eine zarte Spieluhrmelodie, ein leises Glockenspiel, während man es herumträgt, dann versucht man das Kind ins Bettchen zu legen, spricht *Das Einschlafritual – eine schöne Gewohnheit*

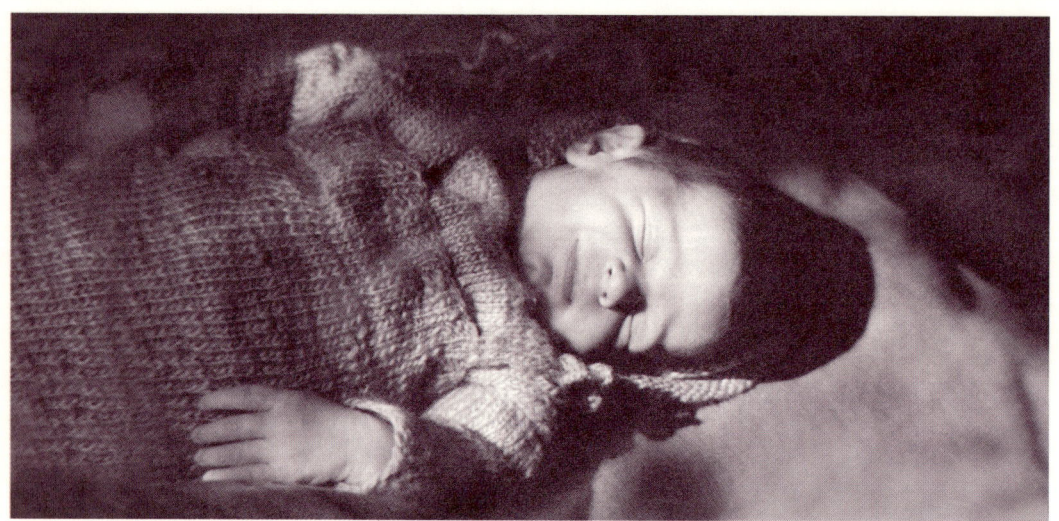

Engelslächeln im Schlaf

noch ein Gebet und bleibt noch etwas in seiner Nähe. Vielleicht schläft es auch schon während des Herumtragens oder Stillens selber ein. Vielleicht schläft es auch lieber im Bett neben der Mutter ein. Vielleicht braucht es zum Einschlafen noch eine Wärmflasche. Vielleicht will gerade dieses Kind aber auch keine Wärmflasche.

Erste Ängste treten auf Im sechsten Monat beginnt das «Fremdeln»: Das Kind hat plötzlich Angst vor ungewohnten Personen, aber auch davor, allein im Dunkeln im Bett zu liegen. Der Höhepunkt dieser ersten Angstphase liegt zwischen dem siebten und zehnten Monat. Ein schwaches Kinderlämpchen oder ein leicht offener Türspalt helfen oft schon, um es zu beruhigen.

Auch der Schlaf der Mutter ist heilig! Gerade die Sorge um den Schlaf des Kindes macht uns wach, einfühlsam, erfinderisch und oft auch geduldig und ruhig. Aber auch die Ruhe und der Schlaf der Mutter, vor allem wenn sie nachts noch stillt, ist heilig und notwendig. Und in der Nähe des Kindes werden wir sowieso bleiben, egal ob es schläft oder wacht. Gerade in der Sorge um den Schlaf ihres Kindes geraten manche Eltern an ihre äußersten Grenzen.

Schlafstörungen

Mit Schlafstörungen ist meist der gestörte Schlaf der Eltern und weniger jener der Kinder gemeint. Kinder holen den Schlaf, den sie brauchen, schnell nach. Über Schlafstörungen wird bis zum vierten Monat nicht geklagt. Die nächtlichen Unterbrechungen des Schlafs alle 3 – 5 Stunden werden als normal empfunden. Erst wenn das Kind nach einer ein- bis zweimonatigen Periode des Durchschlafens (7 – 8 Stunden ununterbrochener Schlaf) wieder zunehmend aufwacht, sind die Eltern beunruhigt.

Wann kann man von Schlafstörungen sprechen?

Nach ärztlicher Abklärung, dass keine organischen Erkrankungen vorliegen, können Schlafstörungen verschiedene Ursachen haben. Charakteristischer Weise treten sie ab dem 6./7. Lebensmonat auf, einer biografisch bedeutsamen Zeit, in der das Kind körperlich und seelisch einen großen Fortschritt macht, die ersten Zähne durchstoßen und die allmähliche Trennung von der Mutterbrust beginnt. Ursachen können auch Atemprobleme bei Schnupfen sein. Nach einer Infektion, durch die die Eltern nachts häufig zu Hilfe kamen, haben sich neue Gewohnheiten eingeschlichen. Aber auch eine unrhythmische Tagesgestaltung, Reizüberflutung, familiäre Auseinandersetzungen und Ängste können die Ursache für die kindlichen Schlafstörungen sein.

Mögliche Ursachen

Ratschläge zur Förderung des Durchschlafens

Ein rhythmisch gegliederter Tagesablauf und ein stets gleiches Zubettgeh-Ritual fördern einen guten Schlaf. Zum Einschlafen lasse man möglichst keine Nahrung (Saft, süßer Tee, Milch) trinken. Ein normal ernährtes und gedeihendes Kind braucht nach dem 7. Monat nachts von 22 bis 6 Uhr nichts zu trinken, außer bei Hitze, Fieber oder Magen-Darminfektionen. Sonst stört nächtliches Trinken nur die Entwicklung eines 24-stün-

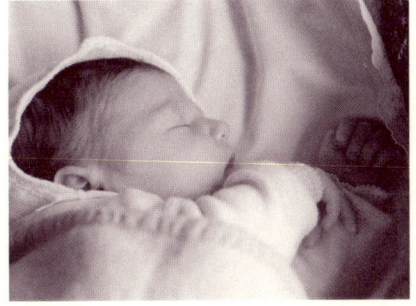

> **Dies ist unsere Meinung zum Thema «Schnuller»**
> Wenn das kleine Kind zu seiner eigenen Beruhigung seinen Daumen und einen Schnuller lutschen will, lassen Sie ihm lieber den eigenen Daumen. Damit ist es unabhängiger als mit dem Schnuller. Daumenlutschen ist bis ins dritte Jahr unproblematisch.

Nächtliches Stillen als Beruhigungsmittel kann problematisch werden

digen Tag-und-Nacht-Rhythmus' und führt oft sogar zu «Suchtverhalten» mit zunehmender «Dosis» und Häufigkeit des Trink- und Trostbedürfnisses. Gereiztheit am Tag ist eine Folgeerscheinung davon, weil die Tiefschlafphasen zu selten erreicht werden. Häufiges Stillen in der Nacht als Beruhigungsmittel kann im Alter ab dem 5./6. Monat besonders problematisch werden.

Leiten Sie ihr Kind an, in nächtlichen Aufwachphasen sich selbst mit dem Daumen statt mit dem Schnuller zu beruhigen. Für den Schnuller müssen Sie nämlich selber immer wieder aufstehen, um ihn dem Kind in den Mund zu stecken. Sollten Sie dennoch zum aufgewachten Kind gehen, lassen Sie das Zimmer dunkel, schaukeln Sie die Wiege nur wenig, vermitteln Sie durch leises Singen Ihre Anwesenheit und ziehen Sie sich konsequent nach einem vorher von Ihnen festgelegten Vorgehen zurück. Machen Sie nur das, was Sie für eine längere Zeit durchzuhalten fähig und gewillt sind.

Auch der Vater schaut nach dem Kind

Nachts sollte jetzt auch öfter der Vater nach dem aufgewachten Kind schauen. Für das Kind ist es schwer nachzuempfinden, warum es nicht wie früher gestillt wird, wenn die Mutter da ist.

Nur in der durchgehenden Erfahrung, dass Sie noch da sind, wenn das Kind die Augen schließt, weichen die Trennungsängste dem Gefühl der Sicherheit. Lassen Sie deshalb in dieser Zeit Ihr Kind nachts nicht durch ihm unvertraute Personen hüten.

Einschlafhilfen

Medikamente stehen für Schlafrhythmusprobleme immer an letzter Stelle. Beruhigungstee, Füße ölen und massieren, eine Wärmflasche für kalte Füße, Bäder können die elementaren pädagogischen Maßnahmen unterstützen.

Weinen, Schreien, Trösten

Wimmern und Schreien gehören zu den ersten Ausdrucksweisen des Säuglings. Er schreit vor Hunger und Durst, oder weil er im Moment nicht gut liegt, auch wenn er Bauchweh hat, oder wenn es ihm irgendwo und irgendwie unwohl ist oder wehtut. Das gelegentliche Schreien ist ganz normal und gesund. Es dauert seine Zeit, bis das Neugeborene sich in seinem wachsenden Körper und in seiner neuen Umgebung zurecht findet. Und es braucht sehr viel Einfühlungsvermögen und Geduld von Mutter und Vater, damit sie immer wieder von neuem herausfinden, was ihrem Kind gerade in der jeweiligen Situation gut tut. Die Bewegungen seiner Arme und Beine, die Mimik auf dem Gesichtchen, seine Mundbewegungen, seine Ausscheidungen, der Rhythmus seines Atems, Ton und Lautstärke des Schreiens und Weinens sind die einzige, aber vielfältige Sprache des kleinen Kindes, die es zu hören, lesen und zu verstehen gilt.

So in die Armbeuge gebettet, ruht Ihr Kind sicher und wacht nicht so leicht auf, wenn Sie es herumtragen.

Eine erfahrene Kindererzieherin erzählte von einem Vater, der versuchte, sein erstes Kind, die zwei Wochen alte, schreiende Tochter, zu beruhigen. «‹Was ist mit dir?›, fragte er sie, als er sich über ihr Bettchen beugte. Damit sie noch einmal aufstoßen konnte, hat er sie auf den Arm genommen, liebevoll mir ihr gesprochen und ist ruhig mit ihr stehen geblieben. Nachdem sie sich schon ein wenig beruhigt hatte, spürte er, dass sie plötzlich krampfhafte Bewegungen machte, bei denen sie wieder zu schreien anfing. Als diese nachließen und sie ruhiger geworden war, hat er sie, immer noch mit ihr sprechend, behutsam in ihr Bett zurückgelegt und ist bei ihr geblieben, auch als sie schon wieder eingeschlafen war. Er hat

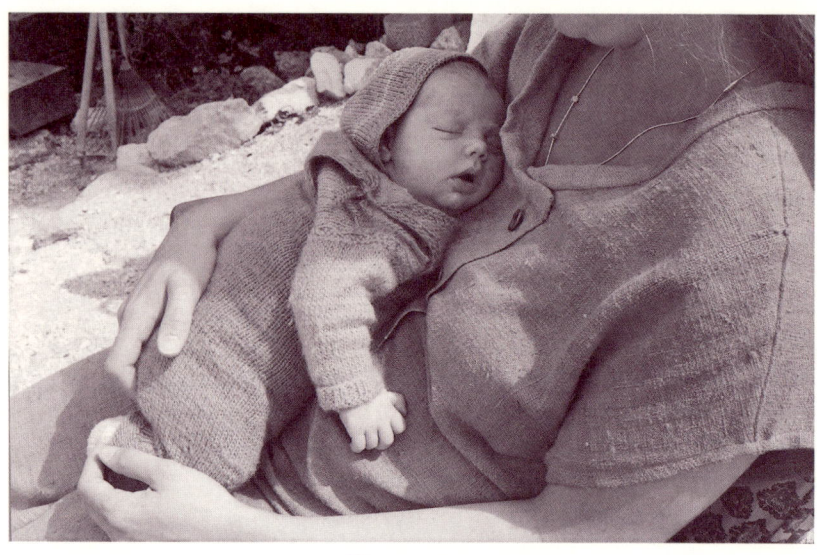

Miteinander
vertraut werden

sie aufmerksam beobachtet und gesehen, dass sich nach einer Weile diese heftigen Bewegungen wiederholten und das Kind im Schlaf so erschreckten, dass es weinend davon aufwachte.

Wahrscheinlich waren es Blähungen, die der Kleinen diese Schmerzen verursachten. Er hat ihr, wieder leise mit ihr sprechend, die Decke abgenommen, um es ihr zu erleichern, ihre Beine ganz an den Bauch zu ziehen. So konnte ihre Verdauung besser in Gang kommen. Durch das kräftige Strampeln, das ihr nun möglich war, befreite sie sich, zunächst noch heftig schreiend, nach und nach selber von den Blähungen und konnte wieder einschlafen.

Ja, das eben ist es, was ich unter persönlichem Kontakt verstehe: in Beziehung mit dem Kind sein, und nicht mechanisch auf die jeweilige Situation reagieren: beobachten, wie das, was man dem Kind anbietet, wirkt, und ob es ihm hilft, anstatt dass das Beruhigen des Kindes mechanisch mit Herumtragen und Wiegen beginnt bzw. endet.» (Aus: Emmi Pikler, Miteinander vertraut werden)

Auf dem Arm des ersten Freundes
Frühkindlichste Erinnerungen von Jean Paul

Ich bin zu meiner Freude im Stande, aus meinem zwölf-, höchstens vierzehn-monatlichen Alter eine bleiche kleine Erinnerung, gleichsam das erste geistige Frucht-Schneeglöckchen aus dem dunklen Erdboden der Kindheit, noch auf-zuzeigen. Ich erinnere mich nämlich noch, dass ein armer Schüler mich sehr liebgehabt und ich ihn, und dass er mich immer auf den Armen – was angenehmer ist, als später auf den Händen – getragen, und dass er mir in einer großen schwarzen Stube der Alumnen Milch zu essen gegeben. Sein fernes, nachdunkelndes Bild und sein Lieben schwebte mir über spätere Jahre herein; leider weiß ich seinen Namen längst nicht mehr.

Jean Paul (Friedrich Richter), Wahrheit aus Jean Paul's Leben, Erstes Bänd-chen, Breslau 1826.

In jedem Menschen ist ein Kind verborgen ...
Das will auch in der Kunst mitspielen, mit-
schaffen dürfen und nicht so sehr bloß bewundernder
Zuschauer sein. Denn dieses «Kind im Menschen» ist
der unsterbliche Schöpfer in ihm ...

Christian Morgenstern im Vorwort zu seinen «Galgenliedern»

Bewegen, Spielen, Entwickeln

Sich bewegen und Bewegt-Werden machen dem kleinen Kind von Anfang an Lust und Freude. Die frühkindlichen Erinnerungen reichen manchmal bis zu diesen ersten Empfindungen, wie wir von anderen getragen und gehalten werden. In der Bewegung lernt das Kind sich selbst und die Welt erleben und entdecken. Hier steht nichts still. Die ersten eigenen Bewegungen sind noch ganz absichtslos und zweckfrei. Auf wunderbare Weise lebt das kindliche Herz in der spielerischen Bewegung auf.

Das Kind in den Armen und Händen halten

In den ersten Wochen kann sich das Kind nur wenig bewegen, und lange kann es sich gar nicht selber fortbewegen. Durch das erste Lebensjahr wird es getragen und viel gehalten. Diese Abhängigkeit bringt ihm hingegen auch die Wohltaten des engen Körperkontakts mit all denen, die es mögen. Die richtige Handhabe und altbewährte, sichere Griffe erleichtern das gegenseitige Wohlbefinden im Halten.

Diese Stellung lieben alle Babys, und auch etwas größere Kinder lassen sich so gern herumtragen. Das Köpfchen an die Schulter der Mutter gekuschelt, fühlen sich die Kleinen geborgen und beschützt. Sie beruhigen sich schnell im Herzschlag des anderen, schlafen oft in dieser Lage ein und lassen sich dann problemlos ins Bettchen legen.

Man kann das Baby so …

Eine Tragevariante …

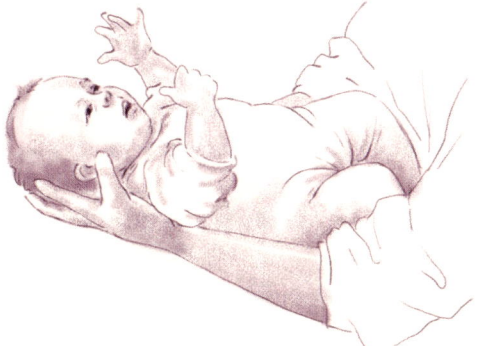

… oder so hochnehmen.

… und so ist es ebenfalls
angenehm.

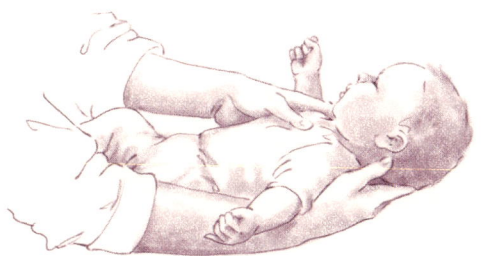

Der Säugling wird gedreht.

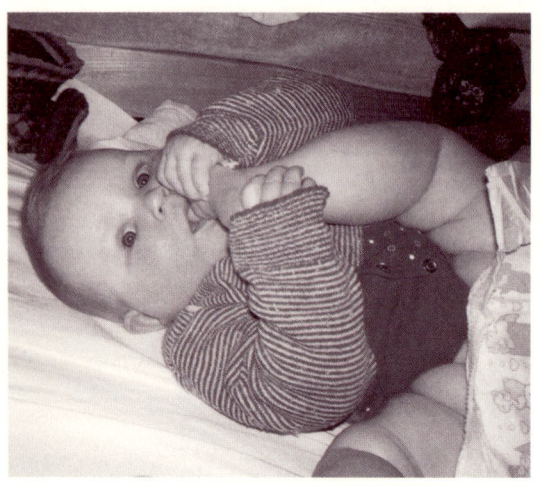

Bewegung – Ergreifen des eigenen Körpers und der Gegenstände

In seiner ersten Lebenszeit bewegt das Kind seine Arme, Hände und Beine nur unwillkürlich und reflexartig. Schon früh, wenn man seine Handfläche berührt, umklammert es fest den berührenden Finger. In den ersten drei Monaten entdeckt das Kind zwar seine eigenen Hände, aber es kann damit noch kaum etwas willentlich ergreifen. Ab dem vierten Monat gelingt der Zugriff, und die Hand zieht das Klötzchen oder den Tuchzipfel sofort zum Mund. Es ist also darauf zu achten, dass es nicht zu kleine Gegenstände wie Murmeln oder Steine erreicht, zu schlucken versucht und daran erstickt.

Nach den Händen entdeckt das Kind auch seine Füße, mit denen es auf dem Rücken liegend gerne spielt. Auf dem Rücken liegend hebt es auch bereits Kopf und Schulter von der Unterlage und kann von der Bauchlage auf den Rücken rollen. Es ist also erhöhte Wachsamkeit auf dem Wickeltisch nötig, damit es nicht stürzt. Im zweiten Halbjahr beginnt das Kind, ganz frei und sicher zu sitzen.

Fingerspiele, Bewegungsspiele, Versteckspiele, Spielsachen

Der eigene Körper ist dem Neugeborenen am nächsten. An ihm und mit ihm macht es seine tiefgreifendsten Erfahrungen. In der schrittweisen Entdeckung des eigenen Körpers, mit dem sich etwas machen lässt, fängt das kindliche Spiel an. Wie interessant können doch die eigenen Händchen, Fingerchen und Füßchen sein! Sie lassen sich bewegen und in den eigenen Mund nehmen! Im Spielen ist die eigene Aufmerksamkeit des Kindes, seine neugierige, aktive Zuwendung von entscheidender Bedeutung.

Sehr beliebt sind Fingerspiele, indem die Mutter oder der Vater die einzelnen Finger des Kindes berührt und je nach Dialekt einen Vers dazu sagt: Das ist der Dume/ dä schüttlet d Pflume/ dä list sie uf/ dä treit sie hei/ und dä chli Stumpe/ isst alli elei. Oder: Das ist der Daumen/der schüttelt die Pflaumen/der liest sie auf/ der trägt sie nach Haus/ und der kleine Schelm isst sie alle, alle auf. So lässt sich auch das Gesicht des Kindes entdecken, indem man mit dem Zeigefinger die einzelnen Gesichtsteile berührt und am Schluss das Kind unter dem Kinn kitzelt: Äugeli, Äugeli/ Näseli, Näseli/ Bäggeli, Bäggeli/ Chinneli, Chinneli/ Girri, Girri, Giggs. – Und über den ganzen Körper des Kindes können die Finger trippeln: In unserm Häuschen sind schrecklich viel Mäuschen/ Sie trippeln und trappeln, sie zippeln und zappeln/ Sie stehlen und naschen, und will man sie haschen/ Husch, sind sie weg.

Die Umgebung des kleinen Kindes ist voller un-

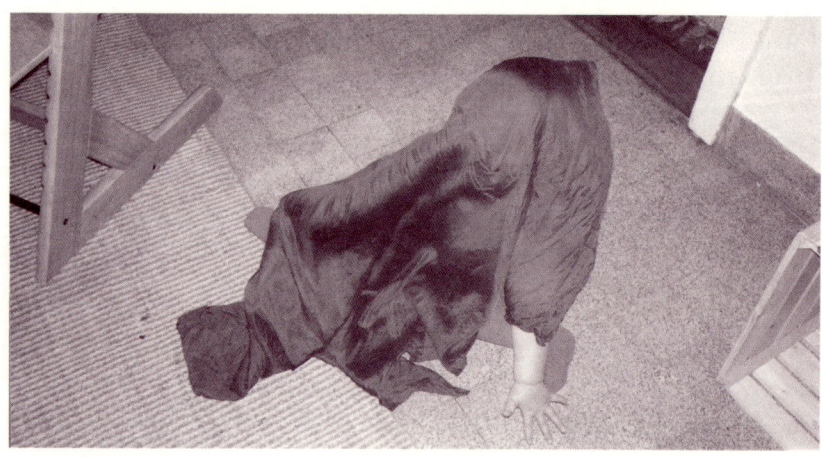

bekannter Dinge. Die Geräusche im Zimmer, der Klang der mütterlichen Stimme, ihre Augen, ihr Mund, das eigene Hemdchen, die Knöpfchen, der Windelzipfel sind unendlich interessant. Die einfachsten Dinge werden zum ersten Spielzeug seiner Aufmerksamkeit. Mit dem Blick ertastet das Kind in den ersten Wochen die Umrisse seines Bettgestells, das farbige Mobile, das über ihm schwebt, es geht mit den feinen Klängen mit, die vom kleinen Glöckchen und aus der Musikdose kommen.

Vom dritten Monat an freut sich das Kind mehr und mehr an all den weichen, glatten, großen und kleinen, stoffigen und holzigen Dingen, die es anfassen, greifen, loslassen und in den Mund nehmen, mit den Lippen und der Zunge ertasten kann. Dazu gehören auch alle möglichen Haushaltsgegenstände und alle Arten von Tüchern. Unter Tüchern lauert auch die Erstickungsgefahr. Kinder zwischen drei und vier Monaten können Tücher noch nicht selbst von ihrem Gesicht nehmen, deshalb dürfen sie damit nie allein spielen.

Nicht allein das Kind spielt mit den Dingen. Es genießt es gleichzeitig, dass die Dinge mit ihm spielen. Und dadurch gewinnen auch alle Menschen ihre besondere Bedeutung, die mit ihm spielen. Nach den Finger- und Bewegungsspielen werden gerne Versteckspiele gemacht. Ab dem vierten Monat sind die Guguck-

Wir bewohnten hier sieben Jahre lang ein kleines einstöckiges Haus, in dessen unteren Räumen die Kranken behandelt wurden; oben lagen die Familienzimmer. Wie es in diesen aussah, wüsste ich nicht mehr zu sagen; dagegen lebt mir das Draußen vor dem Fenster noch klar im Gedächtnis, auch mancher wertlose Gegenstand, dem ich erste Freuden verdankte. Da war ein blaugraues pyramidisches Granitstück, von eingesprengten Glimmerplättchen flimmernd; ich schätzte es mehr als alle gekauften Spielsachen und machte es zur Grundlage meiner kleinen Gebäude. Das Schönste aber war eine große durchsichtig blaue Glasperle, die jemand oben am Fenster aufgehängt hatte, sodass ich sie nach Belieben hin und her pendeln lassen konnte, schnell und kurz, langsam und weit, und immer schien ihre Bewegung mit allem, was ich sonst wünschen und beginnen mochte, geheimnisvoll ineinander zu gehen.

Aus: Hans Carossa, Sämtliche Werke, Band 2, Frankfurt a.M., 1962

Da!-Spiele unter oder hinter einem Tuch reizvoll, das immer wieder weggezogen wird. Ein ganz besonderer Kitzel ist es für das Kind, wenn das Gesicht seines Spielpartners kurz verschwindet, dann wieder plötzlich auftaucht und wieder verschwindet.

Im zweiten Halbjahr werden alle Sachen ganz besonders interessant, die sich rollen, heben, werfen, öffnen und schließen lassen: Kleine Bälle, Bauklötze, Schachteln, Büchsen, Pappbilderbücher.

In dieser Zeit, wo das Kind anfängt, sich auf dem Boden fortzubewegen, ist die Wohnung aus Tönen, Stimmen, Farben, Gerüchen und griffigen Sachen das wichtigste Entdeckungsland. Jetzt lieben die kleinen Kinder auch die Begegnung mit anderen kleinen Kindern.

Fingerspiele

Das ist der Daumen,
der schüttelt die Pflaumen,
der sammelt sie auf,
der trägt sie nach Haus,
und der kleine Schelm
isst sie alle auf.

Der heißt Daumen,
der isst gern Pflaumen,
der sagt: «Wo nehmen?»
der sagt: «Stehlen!»
und der Kleine, Kleine sagt:
«Wenn ich noch so klein wär,
würd' ich doch nicht stehlen!»

Der ist ins Wasser gefallen,
der hat ihn herausgezogen,
der hat ihn ins Bett gelegt,
der hat ihn warm zugedeckt,
und der kleine Schelm da
hat ihn wieder aufgeweckt.

Der ist in den Busch gegangen,
hat ein Häschen dort gefangen,
hat es heimgetragen,
hat es im Schmalz gebraten,
und der kleine Spitzbub da
hat dem Jäger alles verraten.

Das ist das Kleinchen,
das ist das Beinchen,
das ist der Langhals,
das ist der Tellerlecker,
das ist der Läuseknäcker.

Daumen neig dich,
Zeiger streck dich,
Mittler bück dich,
Goldner heb dich,
Kleiner duck dich.

Himpelchen und Pimpelchen

Himpelchen und Pimpelchen
stiegen auf einen Berg.
Himpelchen war ein Wichtelmann,
und Pimpelchen war ein Zwerg.
Sie blieben lange dort oben sitzen
und wackelten mit den Zipfelmützen.
Doch nach fünfundsiebzig Wochen
sind sie in den Berg gekrochen,
schlafen dort in guter Ruh.
Seid mal still und hört schön zu:
ch - ch - ch - ch.

Zehn kleine Zappelmänner

Zehn kleine Zappelmänner
zappeln hin und her,
zehn kleine Zappelmänner
finden's gar nicht schwer.
Zehn kleine Zappelmänner
zappeln auf und nieder,
zehn kleine Zappelmänner
tun das immer wieder.
Zehn kleine Zappelmänner
zappeln ringsherum,
zehn kleinen Zappelmännern
scheint das gar nicht dumm.
Zehn kleine Zappelmänner
spielen gern Versteck,
zehn kleine Zappelmänner
sind auf einmal weg.

In unserm Häuschen

In unserm Häuschen
sind schrecklich viel Mäuschen.
Sie trippeln und trappeln'
sie zippeln und zappeln,
sie stehlen und naschen,
und will man sie haschen –
husch, sind sie weg!

Beweglichkeit als Schlüssel für die geistige Entwicklung

Das kleine Kind ist bei weitem nicht nur das hilflose Wesen, das auf Schutz, Pflege und Ernährung angewiesen ist. Es ist auch ein aktives Wesen. Es kann sich selber bewegen und ist auf dieses Bewegen-Können angewiesen, damit es sich zuerst zu einem aufrecht stehenden und gehenden, später zu einem sprechenden und denkenden Menschen entwickeln kann. Der aktive, weltoffene, vielseitig sich bewegende Körper bildet die lebendige Grundlage für die geistige Beweglichkeit.

Erste Blick-kontakte   Der zwei Monate alte Säugling kann nicht nur reflexartig klammern, greifen, saugen und «schreiten» (wenn er unter den Armen hoch gehalten wird). Er kann auch aufmerksam sein, seine Aufmerksamkeit richten, halten und wieder abwenden. Auf dem Rücken liegend vermag der Säugling selber den Kopf zur stillenden Mutter zu wenden, direkten Blickkontakt aufzunehmen, zu lächeln und ein Lächeln zu erwidern.

Welt und Kind sind am Anfang noch eine Einheit   In Bewegung erfährt das Kind seinen Körper, seine Umwelt, seine nächsten Mitmenschen. Und durch die Bewegungen des Kindes erfahren Mutter und Vater von seinem Innenleben. Seine Sinneswahrnehmungen, Körperbewegungen, seelischen Regungen, Lust- und Unlust-Erlebnisse, seine Aufmerksamkeitsanspannung und -entspannung bilden eine Einheit. Was es sieht, hört, ertastet oder schmeckt, wie es die Wärme oder Kälte spürt, wirkt direkt auf sein leibliches Befinden. Und sein leibliches Befinden und Empfinden fließt unmittelbar in seine Stimmungen, sein seelisches Erleben, sein Wachen und Schlafen. So wie Welt und Kind am Anfang noch eins sind, so bilden Leib, Seele und Geist in ihm eine Ganzheit. Und so ist es im kindlichen Spiel immer der ganze Mensch, der spielt, und die ganze Welt, die mit ihm spielt.

Was Sie unbedingt über die Sprachentwicklung wissen sollten …

Mit Beginn des zweiten Lebensjahrs intensivieren die kleinen Kinder ihre Sprachbewegungen, sie ahmen Laute nach und sprechen einzelne Wörter. Im Hören und Zuhören der menschlichen Stimme, in der motorischen und sozialen Entwicklung des Kindes liegen die Grundlagen für das eigene Sprechen. Aus der bisherigen lebendigen Zwiesprache mit dem Kind entstehen seine eigenen sprachlichen Ausdrücke und sinnvollen Mitteilungen. Verstehen kann es schon vieles von dem, was seit Monaten zu ihm gesagt wird. Deshalb hat das, was Sie sagen und wie Sie sprechen eine große Bedeutung für die Entwicklung Ihres Kindes. Ihr Kind spricht zunächst so, wie zu ihm gesprochen wird. Das sprachschöpferische Kind bildet sich an der Sprache und entsteht aus seiner sprachlichen Umgebung. Aufmerksame Zuhörer gehören jetzt zu den anregenden Dialogpartnern in der kindlichen Sprachentwicklung.

Die Wohltaten der mütterlichen Stimme
Kindheitserinnerungen von Maria Waser

Ich sitze auf dem Schoß der Mutter. Sie hält mich ganz warm rundum, und mein Kopf ist an ihre Brust gebettet. Sie erzählt uns eine Geschichte. Ich verstehe nichts davon. Ich höre nur ihre Stimme. Ich höre sie nicht nur, ich fühle sie durch und durch; denn sie kommt mit den weichen Wellen des Atems unmittelbar aus ihrer Brust. Ja, sie erfüllt diese Brust mit einer tiefen Musik. Ein tiefes goldbraunes Orgeln wiegt mich hin und her, hin und her, hüllt mich ganz ein. Oh, rundum geborgen, ganz aufgehoben, ganz umschlossen – was für eine unsägliche Wonne muss es gewesen sein, dass ich diese Erinnerung heute, nach einem langen Leben, so wenig wie in tausend Malen, da sie sich meldete, ohne tiefe Schauer der Seligkeit ertragen kann! […]

Aus: Maria Waser, Sinnbild des Lebens, Frauenfeld 1958.

Vergleiche nie ein Kind mit einem anderen,
sondern immer nur mit sich selbst.

Heinrich Pestalozzi

Übersicht der Entwicklungs-schritte im ersten Lebensjahr

Die hier aufgezählten Entwicklungsschritte geben nur die Hauptrichtung. Jedes Kind macht sie auf seine Art. Alle Zeitangaben sind mit zeitlichem Spielraum zu nehmen. Für Frühgeborene muss das Reifealter entsprechend korrigiert werden, z.B. bei Geburt in der 32. Schwangerschaftswoche: Reifealter = Lebensalter minus 2 Monate.

Anleitungen zum Wahrnehmen

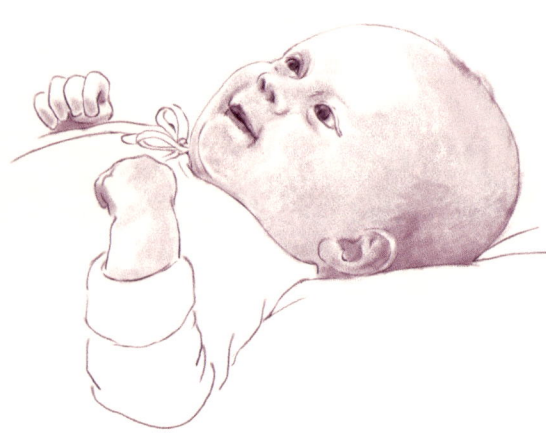

Das Sehfeld des Neugeborenen: Ab 20 – 30 cm Abstand verschwimmt alles.

Klammerreflex: Bei der Berührung der Handfläche umklammert das Neugeborene fest die Finger.

Geburt

Das Neugeborene wiegt durchschnittlich 2800 – 4200 Gramm und ist etwa 48 – 55 cm groß. Der Kopf ist im Vergleich zum übrigen Körper auffallend groß. Die Schädeldecke hat je eine kleine weiche Stelle (Fontanelle) am Hinter- und am Vorderkopf. Die größere Fontanelle am Vorderkopf braucht etwa 2 Jahre, bis sie sich schließt. Das Neugeborene hat eine Körpertemperatur von ungefähr 37,5 °. Die Haut ist meist stark rötlich bis leicht bläulich (an Händen und Füßen), zum Teil auch netzartig marmoriert. Der Körper ist teilweise mit einer weißlichen, butterähnlichen «Käseschmiere» überzogen. Sie schützt die Haut und verschwindet nach einigen Tagen.

Die ersten Tage

Zwischen dem 5. und 10. Tag fällt der Nabel ab. Puls und Atmung gehen rascher als bei Erwachsenen: 40 – 50 Atemzüge/Minute, 130 – 150 Pulsschläge/Minute. Die Atmung geht gelegentlich unregelmäßig, manchmal ist auch ein schnorchelndes Atemgeräusch zu hören. Mit dem häufigen Niesen reinigt das Neugeborene seine Nase. Auch der Schluckauf ist harmlos. Der erste Stuhlgang ist grünlich-schwarz und zähflüssiges «Kindspech». Nach zwei bis drei Tagen wird er gelblich-grün, dick- bis dünnflüssig. Bei vollem Stillen kommt es mehrmals täglich oder nur einmal pro Woche zu einer Darmentleerung. Am zweiten oder dritten Tag kann es zu einer leichten Gelbfärbung der Haut kommen. Diese «Neugeborenen-Gelbsucht» klingt nach 10 bis 14 Tagen ab. Die Gelbsucht sollte von einer erfahrenen Hebamme oder von einem Kinderarzt kontrolliert werden.

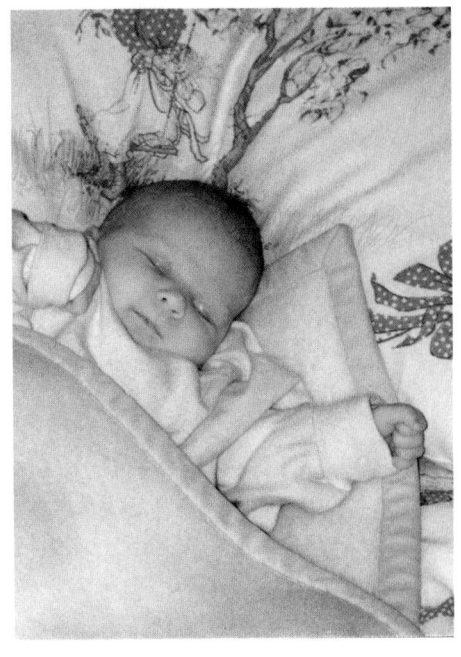

Das Kind kommt mit lebensnotwendigen Reflexen auf die Welt. Im Lauf des ersten Lebensjahrs verliert es sie. Streicht man einem Neugeborenen mit dem Finger über die Handinnenfläche, umschließt es diesen Finger sofort fest mit seiner Hand. Mit diesem Greifreflex reagiert es auch in den Füßen. Wird der Säugling durch ein lautes Geräusch oder rasche Bewegungen erschreckt, streckt er Arme und Beine nach außen, öffnet die Hände, um sie ganz schnell wieder zur Faust zu ballen. Es ist, als ob er sich festklammern möchte, deshalb nennt man diese Reaktion Klammerreflex. Streicht man einem Säugling leicht über die Wange, öffnet er den Mund und dreht seinen Kopf zu jener Seite, an der er gestreichelt wurde. Das gehört zum Saugreflex. Berührt man mit der Brust oder mit der Babyflasche die Lippen, fängt der Säugling sofort an zu saugen. Wenn man ihn unter den Achseln festhält und aufrecht die Unterlage berühren lässt, wird der Schreitreflex ausgelöst, und das Kind beginnt Gehbewegungen zu machen.

Die ersten Wochen

Die «Dreimonats-
koliken»
Zwischen der zweiten und sechsten Lebenswoche beginnt der Säugling oft gegen Abend zu weinen. Er wird rot im Gesicht und zieht die Beine an den Bauch oder er schläft abends nicht ein, weint und lässt sich durch nichts beruhigen. Das Weinen kann sich zum Schreien steigern und mehrere Stunden dauern. Oft verschwinden diese so genannten «Dreimonatskoliken» schlagartig zwischen dem 3. und 4. Monat (siehe Seite 39). Es gibt noch keine eindeutige Erklärung für diese Erscheinung.

Zweiter Monat

Das erste Lächeln
Aktive Hinwendung zu den nächsten Menschen. Zeit des ersten Anlächelns und des lächelnden Erwiderns, des innigen Blickkontakts und des erwiderten Blickkontakts, Zeit des Köpfchen-Hebens.

Dritter Monat

Erste Vokale. Der Säugling stützt sich in Bauchlage auf seine Unterarme, hat gute Kopfkontrolle, folgt bewegten Objekten von einer Seite zur andern, er wird zappeliger, wenn er etwas Freudiges erkennt. Er «entdeckt» seine Hände mit den Augen.

Vierter Monat

M- und N-Laute, Babbeln und Juchzer («Eröh»), Lippenlaute W und F. Aktive Hinwendung zur Umwelt, Koordination von Sehen und Greifen. Der Säugling beginnt nach Gegenständen zu greifen, und der Greifreflex des Neugeborenen verschwindet. Er kann quer durchs Zimmer sehen, erkennt bewegte Gegenstände und lacht.

Aktive Hinwendung zur Umwelt

Fünfter Monat

Primäres Lautieren mit Gaumen und Lippen, kann laut lachen. Zieht man das Kind aus der Rückenlage an den Händchen, so zieht es Kopf und Schultern vor. Es nimmt die Füße in den Mund und kann mit beiden Händen gleichzeitig Gegenstände ergreifen.

Lautieren und lautes Lachen

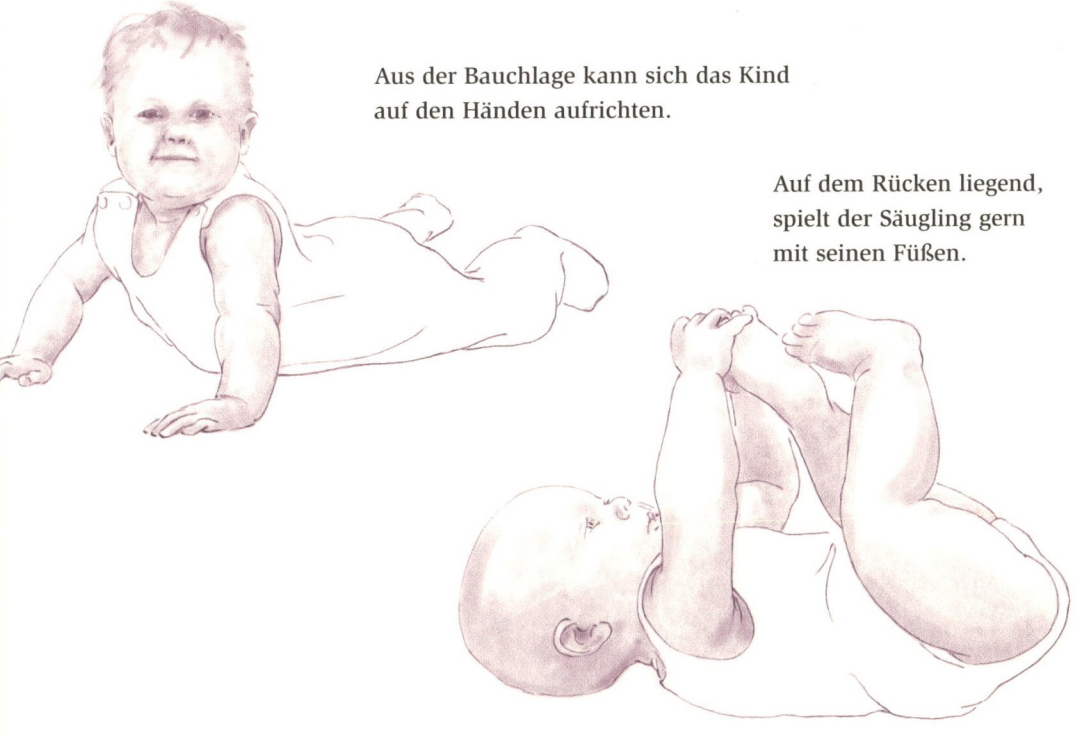

Aus der Bauchlage kann sich das Kind
auf den Händen aufrichten.

Auf dem Rücken liegend,
spielt der Säugling gern
mit seinen Füßen.

Sechster Monat

Das Richtungs-Hören beginnt, das Kind folgt Geräuschen, kann links und rechts mit dem Gehör unterscheiden. Bis jetzt hat es gelächelt, wenn sich ihm jemand genähert hat, zwischen dem sechsten und achten Monat beginnt es Angst zu haben, zu weinen, zu «fremdeln», wenn es ungewohnten Personen begegnet. Auch allein im dunklen Raum zu liegen flößt plötzlich Angst ein und lässt das Kind nicht einschlafen, oder es wacht mitten in der Nacht auf und weint. Der erste Zahn erscheint. Das Kind wiegt jetzt das Doppelte seines Geburtsgewichts.

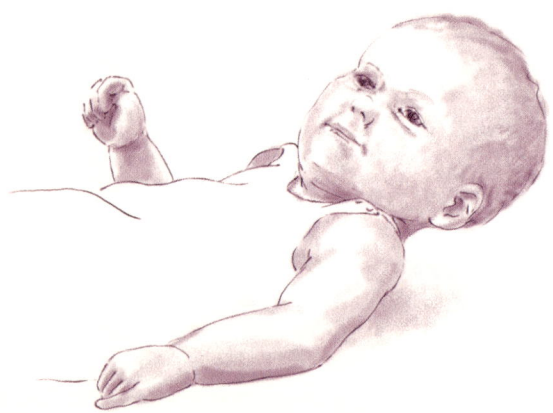

Es kann jetzt in der Bauchlage mit Gegenständen spielen.

In der Rückenlage hebt das Kind Kopf und Schultern von der Unterlage ab.

In aufrechter Stellung festgehalten, hüpft das Kind und geht in die Hocke.

Siebter Monat

Im siebten Monat vermag das Kind erste Silbenketten zu sprechen, imitiert Laute, Sprachmelodien und -rhythmen. Es rollt sich vom Bauch auf den Rücken und vom Rücken auf die Seite und auf den Bauch, stützt sich auf die Hände und den gestreckten Unterarm. Es ergreift Gegenstände mit Daumen, Zeige- und Mittelfinger und vermag sie von einer Hand in die andere zu nehmen. Es reagiert auf das eigene Spiegelbild.

Das Kind kann aus der Bauchlage auf den Rücken rollen.

Achter Monat

Das Kind kann für kurze Zeit frei sitzen. Auf dem Bauch robbt es mit Armen und Beinen, um einen Gegenstand zu erreichen und beginnt auf Ereignisse und Gegenstände zu zeigen, die ihm gefallen. Als weitere sprachliche Äußerung gelingt ihm das Flüstern.

Das Kind zieht sich aus der Rückenlage mit Hilfe der Hände in die Sitzstellung.

Wirft mit Vorliebe Gegen-
stände weg.

Neunter Monat

Freies Sitzen. Das Kind kann sich auch nach
vorne beugen, ohne das Gleichgewicht zu
verlieren, zieht sich an den Möbeln entlang
in die Aufrechte und hält sich fest. Auf dem
Bauch versucht es zu krabbeln und rutscht
oft rückwärts. Mit zwei Fingern, dem Pinzet-
tengriff, greift es nach Gegenständen, kann
gleichzeitig zwei verschiedene Gegenstände
in seinen beiden Händen halten, zusammen-
klopfen und wieder wegwerfen. Es ruft, plap-
pert und versteht einfache Aufforderungen
und Rufen: «Nein» und «nicht».

Der Zeigefinger löst sich von den
übrigen Fingern.

Das Kind zieht sich
an den Möbeln hoch,
macht den Möbeln
entlang einige Schritte,
fällt oft hin.

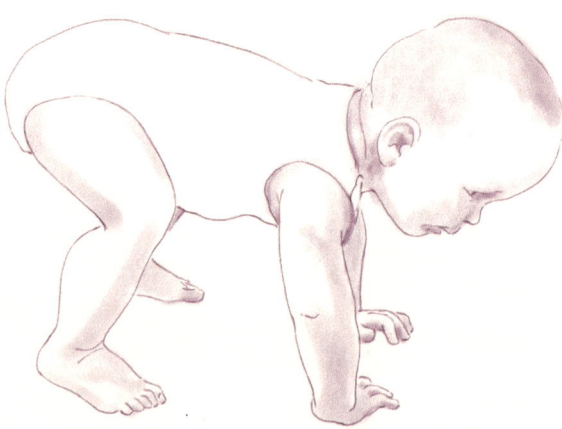

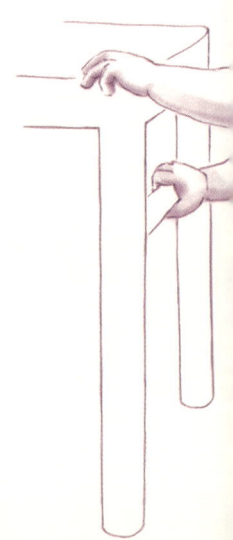

Aus der Bauchlage hebt das Kind seinen
Körper in die Höhe, nur noch auf Hand-
flächen und Zehen gestützt.

Elfter Monat

Das Kind geht an Möbeln entlang, indem es sich daran festhält. Es verfügt über ein einfaches Sprachverständnis, versteht einzelne Wortbedeutungen.

Zwölfter Monat

Das einjährige Kind beginnt frei zu stehen und zu gehen. Es wiegt jetzt zehn Kilogramm (plus/minus 1,5 kg) und hat oben und unten vier Schneidezähne (oder vielleicht auch noch gar keine Zähne). In seinem aktiven Wortschatz verfügt es über zwei, drei Worte, versteht aber viel mehr Worte und Sinnzusammenhänge.

Jetzt trinkt es allein aus dem Becher.

Ärztliche Vorsorgeuntersuchungen

Regelmäßiger Arztbesuch dringend empfohlen!

Die Veränderungen in den ersten Monaten und Jahren eines Kindes sind dermaßen tiefgreifend und mannigfaltig, dass der regelmäßige Besuch beim Kinderarzt dringend empfohlen ist. Auch wenn das kleine Kind einen gesunden Eindruck macht, sollte die ärztliche Untersuchung nicht unterlassen werden. Denn dadurch können Entwicklungsstörungen und eventuelle Erkrankungen rechtzeitig erfasst und angemessen behandelt werden. Die Termine für die Vorsorgeuntersuchungen folgen markanten Entwicklungsetappen des Kindes.

Die Vorsorgeuntersuchungen in der Bundesrepublik

Die Vorsorgeuntersuchungen (U 1 bis U 10) werden von den Kinder- und Allgemeinärzten bundesweit einheitlich durchgeführt, in denen die Eltern auch vorsorglich beraten werden können. Bei diesen Gelegenheiten werden die ersten Impfungen empfohlen.

Der Apgar-Test

U 1: Bei der Geburt wird das Kind sofort in Bezug auf seine Lebensfrische hin beurteilt (Apgar-Test). Diese Untersuchung wird meist von der Hebamme oder vom Geburtsarzt durchgeführt, wobei auf etwaige Missbildungen geachtet wird. Außerdem werden jetzt sowie bei der U2 und U3 2 mg Vitamin K gegeben zur Vermeidung von eventuellen Blutungen infolge von Blutgerinnungsstörungen.

Was gehört zur körperlichen Gesamtuntersuchung?

Die folgenden Untersuchungen sollten alle gründlich sein. Die körperliche Gesamtuntersuchung sollte von einem Kinderarzt oder von einem mit der frühkindlichen Entwicklung vertrauten Arzt durchgeführt werden. Zur Untersuchung gehören die exakte Messung von Kopfumfang, Körperlänge und Gewicht, die Beobachtung der Reflexe, von Verhalten und altersentsprechendem Entwicklungsstand in Bezug auf Motorik, Wahrnehmung, Ausdrucksfähigkeit und sozialem Kontakt.

**Auf was Sie unbedingt bei ihrem Kind achten müssen
Alarmzeichen zum Entwicklungsstand. Arzt konsultieren!**

Am ersten Tag noch kein eigener Stuhlgang als Kindspech.

Nach 1 – 1 1/2 Tagen kein eigener Urin.

Nach der 6. Woche immer noch kein Blickkontakt.

Nach dem 4. Monat immer noch keine Koordination zwischen den eigenen Händen und zwischen Mund und Auge. Keine Reaktion auf Geräusche.

Nach dem 7. Monat immer noch kein selbstständiges Drehen vom Rücken auf den Bauch.

Nach dem 8. Monat ist das gelegentliche Schielen noch nicht verschwunden.

Mit 15 Monaten immer noch keine ersten freien Schritte.

U 2: Zwischen drittem und zehntem Lebenstag. Im Rahmen der Untersuchung wird besonders auf die Hüfte geachtet und der Guthrie-Test durch Blutentnahme an der Ferse durchgeführt, um angeborene Stoffwechselerkrankungen oder Hormonstörungen nachzuweisen. Besonders wichtig ist die Untersuchung der Augenlinse, um einen angeborenen grauen Star zu entdecken, der meistens vor der vierten Lebenswoche operiert werden muss. Man erkennt ihn bei seitlichem Lichteinfall am weißen Aufleuchten der sonst schwarzen Pupillen. *Wichtig: die Augenuntersuchung!*

U 3: In der vierten bis sechsten Lebenswoche. Seit einigen Jahren gehört die Ultraschall-Kontrolle der Hüftgelenke zum festen Bestandteil dieser Untersuchung, um Fehlstellungen und Verrenkungen zu erfassen. *Hüftgelenke*

Koordination und Bewegung

U 4: Zwischen drittem und viertem Lebensmonat. Besonders geprüft wird, wie gut das Kind hört, ob es das reaktive Lächeln (Blickkontakt) hat, ob es mit seinen Händchen spielt (Koordination von Hand – Hand – Mund – Auge).

Sprachentwicklung und Hörtest

U 5: Zwischen sechstem und siebtem Lebensmonat wird besonders auf die Sprachentwicklung des Kindes geachtet: Silbenketten, Laut-Nachahmung, Lautmelodie. Spätestens jetzt muss eine hochgradige Schwerhörigkeit erkannt werden, um durch eine rechtzeitige Behandlung Hörreste zu erhalten. Ab sechstem Monat wird die Zahnentwicklung beobachtet. Fremdelt es?

Motorik

U 6: Zwischen zehntem und zwölftem Lebensmonat wird besonders auf die Motorik geachtet, im Hinblick auf die selbstständige Fortbewegung, das Spielverhalten und die Sprachentwicklung.

Zähne und Skelett

U 7: Zwischen 21. und 24. Monat.

U 8: Zwischen 3 1/2 und 4 Jahren.

U 9: Zwischen 5 und 5 1/2 Jahren.

U 10: Zwischen 12 und 14 Jahren.

Die Vorsorgeuntersuchungen in der Schweiz

Ähnlich wie in der Bundesrepublik

In der Schweiz werden die ärztlichen Vorsorgeuntersuchungen und die damit einhergehenden Beratungen der Eltern je nach Kanton etwas anders gehandhabt, sind aber denen in der Bundesrepublik ähnlich. Für die Ärztegesellschaft Baselland haben sich in der bisherigen Praxis zwölf Untersuchungstermine bewährt: in der ersten Lebenswoche, nach ein, zwei, vier und sechs Lebensmonaten, zwischen neuntem und zwölftem Monat, nach 18 Monaten, nach zwei, vier, sechs und zehn Jahren und in der Pubertät.

Impfungen

Zum Nachdenken über Impfungen

Mit Ende des dritten Lebensmonats oder bei der vierten Vorsorge-untersuchung werden entsprechend den offiziellen Richtlinien in Deutschland erste Impfungen gegen sechs Krankheiten empfohlen: eine fünffach Impfung gegen Diphtherie, Wundstarrkrampf (Tetanus), Kinderlähmung (Polio), Keuchhusten, Hib in einer und gegen Hepatitis B in einer zweiten Injektion, die nach vier und acht Wochen und nach einem Jahr wiederholt werden sollen (Hepatitis B nur dreimal innerhalb eines Jahres). *Offiziell empfohlene Impfungen*

Angesichts dieser vielen Impfungen tauchen bei manchen Eltern Fragen auf: Was ist denn davon unbedingt nötig? Die Antwort darauf kann je nach Einstellung des Arztes kurz oder lang sein. Kurz: Alle, oder: Keine, oder: Diphtherie, Tetanus, Polio, usw. Die lange Antwort kann zwei bis drei Stunden dauern, mit Beschreibung der Krankheiten, der möglichen Komplikationen, aber auch der positiven Auswirkungen der Erkrankungen auf körperlicher und geistig-seelischer Ebene. Der Arzt wird auch von seinen diagnostischen und therapeutischen Erfahrungen, von möglichen Impfkomplikationen, Impfversagern und Spätwirkungen berichten. In dieser langen Antwort werden auch die spezielle Konstitution des Kindes (bisherige Krankheiten und Erbbelastungen), sein soziales und eventuell geografisches Umfeld und Gesichtspunkte für den richtigen Zeitpunkt der Impfungen berücksichtigt. Mit der langen Antwort erhalten die Eltern Anhaltspunkte für eine eigene Risikoeinschätzung, während bei der kurzen Antwort der Arzt oder ein ärztliches Gremium entscheidet, was für (fast) alle Kinder gleichermaßen und allgemein notwendig ist. *Was ist unbedingt nötig?* *Anhaltspunkte für eine eigene Risiko-einschätzung*

Für ausführlichere Erörterungen eignen sich Gespräche in der Gruppe, zusammen mit einem Arzt, um die Kompetenz in diesen Fragen und die eigenverantwortliche Entscheidung der Eltern vor-

Die Eltern sollen entscheiden

zubereiten und zu festigen. Die Autoren sind der Meinung, dass die Eltern entscheiden sollen, was und wann geimpft wird. Denn die Folgen der Entscheidung (in *jeder* Hinsicht) müssen die Eltern und das Kind tragen, nicht der Arzt. Gerade weil es um das Schicksal eines unmündigen Wesens geht, ist diese Entscheidung so schwierig, und sie muss den Fragen standhalten können, die das heranwachsende Kind, bzw. der Erwachsene später stellen wird, sei es zu seiner eventuellen Behinderung als Folge einer Krankheit oder gerade einer Impfung, sei es zu den Folgen einer in der Kindheit vorenthaltenen Krankheit. Argumente der Impfbefürworter wie «unwissenschaftlich», «verantwortungslos», «nebuloser Schicksalsbegriff», werden den Impfgegnern häufig und schnell vorgeworfen. Wenn hingegen schwerwiegende Impfnebenwirkungen auftreten, ist das Argument der Impfbefürworter, nämlich «Es kommt sehr selten vor», nur ein hilfloses Achselzucken dazu. Dass ein konkreter Zusammenhang zwischen individueller Konstitution, Krankheit, persönlichem Schicksal und Reinkarnation gesucht werden kann, wie dies die Anthroposophie Rudolf Steiners sieht, kann dann in der Schicksalsbewältigung hilfreich sein.

Die Mitte zwischen Angstmacherei und Verharmlosung finden!

In jedem Fall ist die nach sorgfältiger Information durch den Arzt gefällte Entscheidung der Eltern zu respektieren. Verunglimpfungen, Einschüchterungen und Angstmacherei sind genauso abzulehnen wie Verharmlosungen in beiden Richtungen.

Zum Vorwurf der Weltanschaulichkeit sei angemerkt, dass jede Entscheidung weltanschaulich geprägt ist, sei es auf religiösem, naturwissenschaftlichem oder anthroposophischem Hintergrund. Denn welchen Sinn man in Krankheit, Gesundung, Behinderung und Tod für sein Leben sehen kann, wird je nach Hintergrund anders beantwortet werden ebenso wie die hieraus folgende individuelle Risikoeinschätzung.

Individuelle Entscheidungshilfen

Daraus folgt, dass es eine allgemein gültige Impfempfehlung auf dem Boden der durch Anthroposophie erweiterten Medizin nicht geben kann, sondern nur individuelle Entscheidungshilfen.

Wann impfen?

Eine relevante Gefährdung des Säuglings durch eine Krankheit, die mit einer der sechs üblich empfohlenen Impfungen verhindert werden könnte, besteht in den ersten sechs Lebensmonaten nicht, mit Ausnahme der Hib-bedingten Erkrankungen. Diese Bakterien sind beteiligt bei «grippalen» Infektionen und Mittelohrentzündungen. Viele Kinder immunisieren sich unbemerkt oder sind gesunde Dauerträger (2 – 5 %) dieser Erreger. Aber eines von 1500 Kindern unter fünf Jahren kann sehr schwer an einer Kehldeckel- oder Hirnhautentzündung erkranken mit einem Häufigkeitsgipfel zwischen dem 6. und 12. Lebensmonat. Vor Keuchhusten sind Säuglinge im ersten Halbjahr unbedingt zu schützen: durch Isolation oder/und bei Infektion antibiotische Behandlung. Ein Schutz durch die Impfung wäre auch erst nach dem 5. – 6. Monat gegeben. Gegen Tetanus (Wundstarrkrampf) ist bei fehlendem Schutz sofort aktiv und passiv bei einer verschmutzten Wunde zu impfen. In der Regel verletzen sich aber Kinder erst, wenn sie krabbeln oder stehen, also mit acht bis zehn Monaten. Zu diesem Zeitpunkt sollten sie einen Tetanus-Schutz haben, den man mit sechs bis sieben Monaten aufbauen kann. Die Autoren glauben, dass sich dieser Zeitpunkt auch für andere Impfungen anbietet, wenn keine besonderen Risiken vorliegen. Die aktive, körperliche und seelische Auseinandersetzung des Kindes mit seiner Umgebung erreicht in dieser Zeit einen ersten Höhepunkt: die ersten Zähne stoßen durch, die Verdauung stellt sich durch Zufüttern um, das Kind beginnt zu fremdeln und sich aufzurichten.

Was ist für den Säugling gefährlich?

Einfach- oder Mehrfachimpfung

Die Mehrfachimpfung (z.B. Diphtherie, Tetanus, Hib) hat den Vorteil der selteneren Injektionen und Verabreichungen der für Allergien häufig verantwortlichen Zusatzstoffe wie Konservierungsmittel und Aluminium. Wie weit die gleichzeitige Auseinandersetzung mit vielen Krankheiten eine Überforderung des Organismus

Vor- und Nachteile

Wenn Sie mehr übers Impfen wissen wollen:

Michaela Glöckler / Wolfgang Goebel: Kindersprechstunde –
Ein medizinisch-pädagogischer Ratgeber. Erkrankungen – Be-
dingungen gesunder Entwicklung – Erziehung als Therapie.
Verlag Urachhaus, Stuttgart [13]1998.

Karl-Reinhard Kummer: Impfungen im Kindesalter – Fördern
oder hemmen sie die Entwicklung des Kindes?
Verein für Anthroposophisches Heilwesen, Bad Liebenzell
1998.

Hans-Peter Studer: Impfen – Grundlagen für einen persönli-
chen Impfentscheid.
Stiftung für Konsumentenschutz SKS, Postfach, CH–3000 Bern
23, Bern 2000.

Hansueli Albonico: Gewaltige Medizin, Verlag Paul Haupt
Bern-Stuttgart-Wien 1997

darstellt, ist langfristig schwer zu sagen, kurzfristig werden die
Impfstoffe erstaunlich gut vertragen.

Ärztliche Faktoren

Die Verantwortung Wer als Arzt von Impfungen abrät, sollte seine eigenen Risikofak-
des Arztes toren kennen und sie offen mit den Eltern besprechen. Sicherheit
in der Diagnose wie Erfahrung in der Behandlung sind ebenso
wichtige Elemente wie eine «flächendeckende» Behandlungskonti-
nuität im Lande, wenn die Familie mit zunehmender Mobilität in
Europa umzieht. Denn es ist der gesamte Behandlungsstil mit den
spezifischen Empfehlungen für Ernährung, Kleidung, Pädagogik

und im Umgang mit Krankheiten, der für die außerordentliche Seltenheit beispielsweise einer Hirnentzündung durch Masern in den anthroposophischen Kinderarztpraxen verantwortlich ist.

Haben Kinderkrankheiten einen Sinn?

Die Immunität durch Kinderkrankheiten

Als Kinderkrankheiten bezeichnete man früher jene Krankheiten, die epidemisch in relativ kurzen Abständen auftauchen, langanhaltende bis lebenslange Immunität hinterlassen, deshalb ganz überwiegend (aber nicht ausschließlich) nur in der Kindheit vorkommen und meist harmlos verlaufen. Zu ihnen gehören Windpocken (Varicellen), Drei-Tage-Fieber, Röteln, Masern, Mumps und mit Einschränkung Keuchhusten (Pertussis). Wer sich gegen diese Krankheiten impfen lässt, wird nie in dem Maße immun wie bei der «natürlichen Erkrankung», sondern kann nach 30-40 Jahren – je nach Abwehrlage – wieder erkranken. Dann verlaufen sie meist schwerer und komplikationsreicher als in der Kindheit.

Das Kind erlangt im Rahmen der durchzustehenden Krankheit ganz besondere Fähigkeiten auf unterschiedlichen Ebenen (körperlich, seelisch, geistig). So wird es lernen, Fieber als eine erste unspezifische Abwehrmaßnahme zu entwickeln und damit umzugehen. Später im Krankheitsverlauf wird es eine spezifische, meist lebenslange Immunität entwickeln und überhaupt immer besser mit Krankheiten umgehen.

Auch seelisch bedeutsame Erfahrungen werden gemacht

Dann aber erlebt das kleine Kind, das eine Krankheit durchmacht, seelisch etwas, was es sonst so nicht erfährt. Die Eltern oder Bezugspersonen stellen sich jetzt ganz auf das erkrankte Kind ein. Sie ändern ihre Gewohnheiten und ihren Tagesablauf, die Mutter setzt sich neben das Bett und hält eine Nachtwache beim Kind, pflegt es mit Wadenwickeln, Einreibungen, einer besonderen Diät und Medikamenten. Das bedeutet, dass das Kind seelisch sehr viel Bedeutsames erfährt: intensive Zuwendung, Solidarität, Mitleid, umsorgendes Handeln. Aber nicht nur das Kind erfährt etwas von der Mutter oder anderen Bezugspersonen, sondern diese erhalten auch vielfältige Einblicke in die Konstitution ihres Kindes und sehen, wie es unter diesen bestimmten Lebensumständen reagiert. Außerdem erleben die Geschwister, wie die Eltern sich um das Kind kümmern. Sie erlernen, wie bestimmte Krankheiten noch durch einfache Maßnahmen behandelt werden können. Es wird also Kompetenz im Umgang mit Krankheit weitergegeben. Wer weiß, wie man mit bestimmten Krankheiten umgehen kann, die überwiegend harmlos verlaufen, wird auch nicht immer gleich in einer harmlosen Erkrankungssituation zum Arzt laufen müssen.

Kompetenz im Umgang mit der Krankheit

Krankheit ist also nicht einfach nur schlecht und belastend für den Betroffenen. Er erfährt und erlernt damit für sein weiteres Leben Kompetenz in der selbstaktiven Immunitätsentwicklung, Kompetenz im Umgang mit Krankheit überhaupt und entwickelt dadurch Selbstbewusstsein und das Selbstvertrauen, mit bestimmten leicht verlaufenden Krankheiten selber fertig zu werden.

Kompetenz in der selbstaktiven Immunitätsentwicklung

Krankheit bewirkt also viel mehr als nur unangenehme, körperliche Nebenwirkungen und leidvolle Erfahrungen. Krankheit ist eine entschiedene Hilfe für die eigene Individuation. Es ist immer wieder zu beobachten, wie Kinder nach einer durchgemachten Kinderkrankheit einen großen Entwicklungsschritt vorwärts machen und beispielsweise körperliche Hindernisse, soziale Auffälligkeiten ablegen, Gestalt und Gesichtausdruck verändern. Es ist unübersehbar, wie das Kind mit jeder durchgemachten hochfieberhaften Kinderkrankheit augenfällig individueller wird und als Persönlichkeit gereift ist. Dies wird zwar immer wieder bestritten, weil es keine statistisch gesicherten und anerkannten Untersuchungsergebnisse dazu gibt, ist aber gleichwohl tägliche Erfahrung in der Praxis. Genau so wie sich das Kind über das Stolpern zum selbstständigen, sicheren Gehen entwickelt, so scheint es auch die kurzen leidvollen Krankheiten zu gebrauchen, um sich zu einer selbstsicheren und sozialkompetenten Persönlichkeit mit einer individuellen Ausprägung zu entwickeln.

Krankheit als Entwicklungshilfe

Von einem spirituell erweiterten Gesichtspunkt aus haben Schmerz, Leiden, Krankheit und Krise biografiefördernde Wirkungen, solange der Betroffene dadurch nicht überfordert wird. Daraus ergibt sich von Einzelfall zu Einzelfall die Empfehlung: Weil ich mich für die Krankheit und ihre positiven, entwicklungsfördernden Möglichkeiten entscheide, unterlasse ich für mein Kind beispielsweise bestimmte Impfungen und verantworte ein selteneres Risiko für die schädlichen Nebenwirkungen dieser Krankheiten.

Biografiefördernde Wirkungen

Unfallverhütung

Welche Gefahren
drohen? Für das unerfahrene Kind ist alles neu auf der Erde. Gefahren in der Wohnung oder auf der Straße kann es überhaupt noch nicht einschätzen. Schnell kommt es durch eine kurze Unachtsamkeit der Erwachsenen zu einem Unfall oder einer Verletzung. Nahe liegend sind Stürze vom Wickeltisch, Verbrennungen in der Küche, Vergiftungen, Ersticken beim Essen (Erdnüsse), Schlafen oder Spielen, Ertrinken, Sonnenstich, Elektro- und Verkehrsunfälle.

Der Tod als Folge von Unfällen im Haushalt und Verkehr ist weit häufiger als infolge von Krankheiten.

Steckdosensicherung

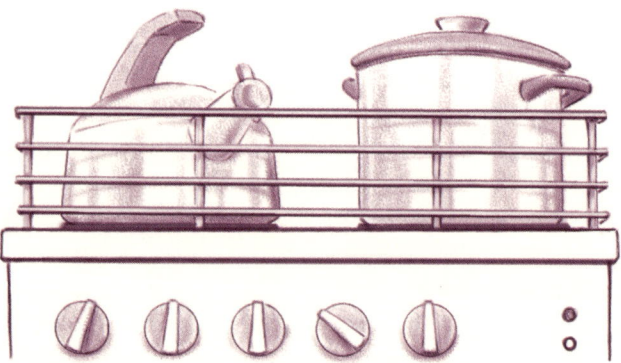

Verbrennungsschutzgitter

*Was Sie unbedingt als Vorsichtsmaßnahmen zur Unfall-
verhütung beachten müssen ...*

• Das Kind nie auf dem Wickeltisch oder in der Badewanne
allein lassen.
• Heiße Flüssigkeiten, Gegenstände und Herdplatten sollen
unerreichbar für das Kind sein. Herdplatten können durch ein
Schutzgitter gesichert werden. Fürs Kochen sollen konsequent
die hintersten Platten benutzt werden. Kein heißer Tee oder
Kaffee auf einen gedeckten Tisch mit Tischdeckenzipfel.
Duschhahn nach Gebrauch immer auf kalt stellen.
• Schnüre, Bändel, Plastiksäcke, verschluckbare Kugeln, spit-
ze und scharfe Gegenstände sind außer Reichweite des Kindes
aufzubewahren.
• Medikamente, Alkohol, Giftstoffe, giftige Pflanzen, Geschirr-
spühltabletten oder -pulver, Abwasch- und Putzmittel, Aschen-
becher sind außer Reichweite des Kindes aufzubewahren.
Nitroverdünner und Benzin außer Reichweite des Kindes und
nie in Getränkeflaschen aufbewahren.
• Offene Steckdosen und Verlängerungskabel mit Schutz-
Steckern abdecken, keine defekten, halb offenen Kabel.
• Wärmflaschen und Heizkissen nur zum Vorwärmen ins
Bettchen oder in den Kinderwagen.
• Kind und Kinderwagen nicht der direkten Sonnenbestrah-
lung aussetzen.
• Beim Autofahren gehört das Kind auf den Rücksitz in einen
dem Alter entsprechenden speziellen Kindersitz.
• Kinder nie allein im Auto lassen, auch nicht, wenn sie
schlafen.
• Säuglinge nicht von kleinen Geschwisterkindern tragen
lassen.

Erste Hilfe

Aufmerksame Beobachtung des Kindes nach einem Unfall

Der kindliche Organismus ist voller Lebens- und Selbstheilkraft. Kleinere Verletzungen und Wunden heilen schnell. Der Schutzengel scheint die kleinen Kinder ganz besonders zu behüten. Ein dramatischer Sturz wird oft glücklich überstanden. Es kann aber auch schwerwiegendere Folgen haben. Für den Schutz des Kindes ist es ratsam, das Vertrauen in das Schicksal des Kindes und die geistigen Hilfen mit hoher wachsamer Verantwortung zu verbinden. Treten nach einem Unfall Benommenheit, Bewusstseinstrübung oder Erbrechen auf, ist sofort der Arzt oder die Ärztin zu rufen. Bei vielen leichteren Verletzungen kann man sich mit einfachen Mitteln zunächst selbst helfen.

Was Sie unbedingt für die Erste Selbsthilfe beachten müssen …

• Eine Liste mit den wichtigen Telefonnummern (Notruf, Arzt, Krankenhaus, Feuerwehr, Rettungsleitstelle, Giftnotrufzentrale, Taxi) in der Nähe des Telefons ist hilfreich in einer Notfallsituation, wo rasch gehandelt werden muss.

• Oberflächliche *Verbrennungen* und *Verbrühungen* sofort 10 bis 20 Minuten mit kaltem Wasser kühlen. Anschließend sorgfältig mit Combudoron (flüssig) behandeln.

• Bei *Verbrühungen* Kleider sofort vollständig und sehr schnell ausziehen und die verbrühten Hautstellen 10 bis 20 Minuten mit kaltem Wasser kühlen. Anschließend sorgfältig mit Combudoron (flüssig) behandeln. Danach bei *Verbrennungen* größeren Ausmaßes, bei Verbrennungen im Gesicht, an Händen und im Genitalbereich sowie bei Elektroverbrennungen sofort zum Arzt.

• Bei leichteren *Prellungen* nach Stürzen, bei Verstauchungen und Einklemmungen kalter Umschlag mit verdünnter Arnikaessenz oder Salbe.

• *Kleinere, offene Wunden* und die umgebende Haut mit Desinfektionsmittel desinfizieren. Danach die Wunde trocken mit steriler Gazekompresse verbinden und mit Pflaster fixieren.

• Bei *Vergiftungen* feststellen, wie viel, wann das Kind was verschluckt hat, und Giftnotrufzentrale oder Arzt anrufen. Verpackung oder Flasche aufheben.

• Bei *Insektenstichen* den Stachel möglichst entfernen und die Einstichstelle mit Insektenstift oder Essig betupfen.

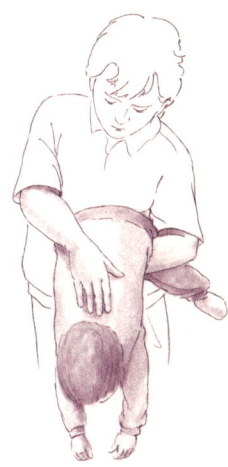

• Bei *Stichen von Bienen oder Wespen* in Hals, Mund oder die Zunge Eis auflegen (Erstickungsgefahr!) und sofort zum Arzt oder ins Krankenhaus.

• Bei *Wespen- oder Bienenallergie* im Falle eines Stiches sofort zum Arzt.

• Wenn das Kind wegen eines *verschluckten Gegenstands* zu Ersticken droht, Kopf nach unten halten und mit kräftigen Schlägen auf den Rücken zwischen die Schulterblätter das Kind «ausklopfen». Wenn's nichts nützt sofort zum Arzt oder ins Krankenhaus oder Notarzt rufen.

• Bei *Stromunfällen* sofort Strom abschalten, Stecker, Sicherung herausziehen und das Kind an den Kleidern wegreißen, da der Körper möglicherweise noch unter Strom steht. Bei Verbrennungen 10 bis 20 Minuten mit kaltem Wasser die verbrühten Hautstellen kühlen, anschließend mit Combudoron (flüssig) behandeln. So lange mit Umschlägen feucht halten, bis der Schmerz vergeht (je nach Grad der Verbrennung 1–2 Tage). Combudoron sollte immer im Haus vorrätig und auf Reisen dabei sein.

Nützliche Adressen

Gesellschaft Anthroposophischer Ärzte in Deutschland e.V.
Roggenstrasse 82
70794 Filderstadt
Tel. 0711/77 99 711   Fax: 0711/77 99 712
E–Mail: ges.anth.aerzte@t–online.de

Vereinigung anthroposophisch orientierter Ärzte in der Schweiz
Dr. med. Danielle Lemann
Bernstr. 13
CH 3550 Langnau i.E.
Tel. 004135/402 14 19   Fax: 004135/402 54 53

Verein für Anthroposophisches Heilwesen
Johannes-Kepler-Straße 56
75378 Bad Liebenzell-Unterlengenhardt
Tel. 07052/20 34/20 35/25 67   Fax: 07052/4107

Verein für anthroposophisch erweitertes Heilwesen
Postplatz 5
CH 4144 Arlesheim
Tel. 004161/701 15 14   Fax: 004161/701 15 03

Anthroposophisch orientierte Kliniken

Filderklinik
Gemeinnütziges Gemeinschaftskrankenhaus
Im Haberschlai 7
70794 Filderstadt-Bonlanden
Tel. 0711/7 70 3-0   Fax: 0711/77 03-303

Gemeinnütziges Gemeinschaftskrankenhaus Herdecke
Gerhard-Kienle-Weg 4
58313 Herdecke/Ruhr
Tel. 02330/62 0-1   Fax: 02330/62 39 95
E–Mail: kontakt@gemeinschaftskrankenhaus.de
www.gemeinschaftskrankenhaus.de

Gemeinschaftskrankenhaus Havelhöhe
Klinik für anthroposophisch erweiterte Heilkunst
Kladower Damm 221
14089 Berlin
Tel. 030/36 50 1-0   Fax: 030/36 50 13 66

Paracelsus-Spital
Bergstrasse 16
CH 8805 Richterswil
Tel. 004101/787 21 21   Fax: 004101/787 23 51
E–Mail: contact@paracelsus–spital.ch

Ita Wegman Klinik
Pfeffingerweg 1
CH 4144 Arlesheim
Tel. 004161/705 71 11   Fax: 004161/705 02 74
E–Mail: wegmanklinik@swissonline.ch
www.wegmanklinik.ch

Lukas-Klinik
Brachmattstr. 19
CH 4144 Arlesheim
Tel. 004161/701 33 33   Fax: 004161/701 82 17

Adressverzeichnis Anthroposophie 1999/2000
mit CD–ROM. Info3-Verlag, Frankfurt 1999.
Info3-Verlag, Kirchgartenstr. 1, 60439 Frankfurt.
Fax: 069/58 46 16   E–Mail: vertrieb@info3.de
Verzeichnis über 4000 Adressen anthroposophischer Einrichtungen und Ver-
bände in Österreich, Deutschland, der Schweiz und in den Niederlanden.

Pro Familia
Stresemannallee 3
60596 Frankfurt
Tel. 069/639 002
Mit Homepage im Internet

Pro Familia mit Beratungsstellen in der ganzen Bundesrepublik, hat allein in
Baden-Würtemberg 18 Beratungsstellen.
Empfohlen für Fragen nach Rechten und Unterstützungsmöglichkeiten von
Familien und Alleinerziehenden.

Weiterführende Literatur

Elternbriefe
Redaktionsteam aus WissenschafterInnen, ÄrztInnen, PädagogInnen, BeraterInnen, Krankenschwestern, Eltern
Über die Gemeinden, bzw. Länder oder Jugendämter erhalten Eltern einen «Elternbrief», der im ersten Jahr monatlich, danach ca. alle 3-4 Monate zugeschickt wird. Er enthält nützliche Orientierungshilfen für den Elternalltag, Anregungen, Empfehlungen für die Erziehung und die ganz praktischen Fragen aus dem Kleinkinderalltag.
Bezugsadressen der Elternbriefe:
Z.B. für Baden-Württemberg: Jugendamt, Wilhelmsplatz 12, 70182 Stuttgart. Tel. 0711/216 25 13.
Für die Schweiz: Pro Juventute, Zentralsekretariat. Postfach, CH 8032 Zürich. Tel. 00411/2567700. E-mail: info@projuventute.ch.

Michaela Glöckler / Wolfgang Goebel
Kindersprechstunde – Ein medizinisch-pädagogischer Ratgeber. Erkrankungen – Bedingungen gesunder Entwicklung – Erziehung als Therapie.
Verlag Urachhaus, Stuttgart [13]1998.

Der seit Jahren bewährte Ratgeber ist ein Nachschlagewerk für Fragen in akuten Krankheitsfällen wie auch eine umfassende Informationsquelle über die Entwicklung des Kindes, seine Pflege und Erziehung. Ein Anhang enthält neben einem ausführlichen Register praktische Anleitungen zur häuslichen Krankenpflege und wichtige Bezugsadressen. Eine Notfallliste erleichtert das Ergreifen erster Hilfemaßnahmen bei akuter Gefahr. Als Beilage ein Zahn- und Gesundheitspass.

Christa van Leeuwen / Bartholomeus Maris
Schwangerschaftssprechstunde – Medizinische, seelische und geistige Aspekte von Schwangerschaft und Geburt.
Verlag Urachhaus, Stuttgart 1995.

Dieses Buch behandelt nicht nur umfassend alle Fragen, die mit Schwangerschaft, Untersuchungen, möglichen Störungen und Komplikationen und schließlich mit der Geburt zusammenhängen, sondern möchte auch eine Hilfe zur eigenen Urteilsbildung sein. So wird neben den körperlich-medizinischen Aspekten auch das Seelisch-Geistige im Menschen thematisiert.

Pauline Bom / Machteld Huber
Von eins bis vier – Was Kleinkinder wirklich brauchen.
Entwicklung – Erziehung – Pflege.
aethera, Stuttgart 2000.

Arie Boogert
Beim Sterben von Kindern – Erfahrungen, Gedanken und Texte
zum Rätsel des frühen Todes.
Verlag Urachhaus, Stuttgart 1986.

Dagmar von Cramm
Kochen für Babys – Alles über die Ernährung der Kleinsten –
in Theorie und Praxis
Gräfe und Unzer Verlag, München 1998.

Dagmar von Cramm/Eberhard Schmidt
Unser Baby – Das erste Jahr
Gräfe und Unzer Verlag, München 1999.

Ein praktisches Baby-Handbuch, mit ausführlicher Behandlung von Pflege, Ernährung, Entwicklung des Babys, Beratung über Rechte und Finanzen.

Ulrich Diekmeyer
Das Elternbuch 1 – Unser Kind im ersten Lebensjahr
rororo Sachbuch, Rowohlt Verlag, Reinbek 1999.

Lüder Jachens
Hautkrankheiten ganzheitlich heilen.
Ein Ratgeber aus anthroposophischer Sicht.
aethera, Stuttgart 1999.

Dieser Ratgeber zu Hautkrankheiten zeigt, welche Art von Selbstmedikation möglich und welche Behandlung durch den Arzt nötig ist.

Petra Kühne
Säuglingsernährung
Bad Vilbel 1999.

Petra Kühne
Was ernährt unser Kind? Von Nähr-Stoffen und Lebens-Mitteln.
Beiträge für eine bewusste Lebensführung in Gesundheit und Krankheit, Nr. 164, Verein für anthroposophisches Heilwesen, Bad Liebenzell-Unterlengenhardt 1998.

Die Broschüren von Petra Kühne geben Gesichtspunkte für gesunde Kost und Ernährungsgewohnheiten, unter Berücksichtigung der unterschiedlichen Bedürfnisse im Säuglings-, Kleinkind- und Schulkindalter.

Petra Kühne
Ernährungssprechstunde
Verlag Urachhaus, Stuttgart 1993.

Ein Buch über Zusammensetzung und Wirkungsweise von Nahrungsmitteln, mit besonderen Empfehlungen für die Ernährung während Schwangerschaft, Stillzeit und die Zeit der Flaschennahrung.

B.C.J. Lievegoed
Entwicklungsphasen des Kindes
J.Ch. Mellinger Verlag, Stuttgart 1986.

Emmi Pikler u.a.
Miteinander vertraut werden. Erfahrungen und Gedanken zur Pflege von Säuglingen und Kleinkindern.
Arbor Verlag, Freiamt 1994.

Die Kinderärztin Emmi Pikler und ihre Mitarbeiterinnen des Loczy-Instituts in Budapest (seit 1946) beschreiben auf Grund ihrer langen praktischen Erfahrungen, wie es möglich ist, von Anfang an eine vertraute Beziehung zum Kind aufzubauen. Vor allem die Pflegesituation und später das Essen und Trinken sind ständig wiederkehrende Ereignisse, die einen wesentlichen Einfluss auf das kindliche Leben haben.

Michael Stellmann
Kinderkrankheiten natürlich behandeln. Bewährte Haus- und Heilmittel für Kinder.
Verlag Gräfe und Unzer, München 1998.

Das Buch behandelt Selbsthilfemaßnahmen wie Wickel, Homöopathika, Umschläge, Auflagen, Kompressen und Bäder.

H. Michael Stellmann / Wolfgang Warner
Die ersten sieben Lebensjahre – Das Kind von der Geburt bis zur Schulreife. Ein medizinisch-pädagogischer Ratgeber.
aethera, Stuttgart 1999.

Register

1. Auflage 2000
aethera im Verlag Freies Geistesleben & Urachhaus GmbH
Landhausstr. 82, 70190 Stuttgart
Internet: www.aethera.de
ISBN 3-7725-5013-4
© 2000 Verlag Freies Geistesleben & Urachhaus GmbH, Stuttgart
Umschlagbild: Walter Schneider
Druck: Offizin Chr. Scheufele, Stuttgart